博 物 館 裏 的 中 國

揭秘消逝的文明

宋新潮 潘守永 主編

趙燕姣 陸青松 編著

推 薦 序

　　一直以來不少人說歷史很悶，在中學裏，無論是西史或中史，修讀的人逐年下降，大家都著急，但找不到方法。不認識歷史，我們無法知道過往發生了什麼事情，無法鑒古知今，不能從歷史中學習，只會重蹈覆轍，個人、社會以至國家都會付出沉重代價。

　　歷史沉悶嗎？歷史本身一點不沉悶，但作為一個科目，光看教科書，碰上一知半解，或學富五車但拙於表達的老師，加上要應付考試，歷史的確可以令人望而生畏。

　　要生活於二十一世紀的年青人認識上千年，以至數千年前的中國，時間空間距離太遠，光靠文字描述，顯然是困難的。近年來，學生往外地考察的越來越多，長城、兵馬俑坑絕不陌生，部分同學更去過不止一次，個別更遠赴敦煌或新疆考察。歷史考察無疑是讓同學認識歷史的好方法。身處歷史現場，與古人的距離一下子拉近了。然而，大家參觀故宮、國家博物館，乃至敦煌的莫高窟時，對展出的文物有認識嗎？大家知道什麼是唐三彩？什麼是官、哥、汝、定瓷嗎？大家知道誰是顧愷之、閻立本，荊關董巨四大畫家嗎？大家認識佛教藝術的起源，如何傳到中國來的嗎？假如大家對此一無所知，也就是說對中國文化藝術一無所知的話，其實往北京、洛陽、西安以至敦煌考察，也只是淪於“到此一遊”而已。依我看，不光是學生，相信本港大部分中史老師也都缺乏對文物的認識，這是香港的中國歷史文化學習的一個缺環。

早在十多年前還在博物館工作時，我便考慮過舉辦為中小學老師而設的中國文物培訓班，但因各種原因終未能成事，引以為憾。七八年前，中國國家博物館出版了《文物中的中國歷史》一書，有助於師生們透過文物認識歷史。是次，由宋新潮及潘守永等文物專家編寫的“博物館裏的中國”，內容更闊，讓大家可安坐家中“參觀”博物館，通過文物，認識中國古代燦爛輝煌的文明。謹此向大家誠意推薦。

丁新豹

序

在這裏，讀懂中國

　　博物館是人類知識的殿堂，它珍藏著人類的珍貴記憶。它不以營利為目的，面向大眾，為傳播科學、藝術、歷史文化服務，是現代社會的終身教育機構。

　　中國博物館事業雖然起步較晚，但發展百年有餘，博物館不論是從數量上還是類別上，都有了非常大的變化。截至目前，全國已經有超過四千家各類博物館。一個豐富的社會教育資源出現在家長和孩子們的生活裏，也有越來越多的人願意到博物館遊覽、參觀、學習。

　　"博物館裏的中國"是由博物館的專業人員寫給小朋友們的一套書，它立足科學性、知識性，介紹了博物館的豐富藏品，同時注重語言文字的有趣與生動，文圖兼美，呈現出一個多樣而又立體化的"中國"。

　　這套書的宗旨就是記憶、傳承、激發與創新，讓家長和孩子通過閱讀，愛上博物館，走進博物館。

記憶和傳承

博物館珍藏著人類的珍貴記憶。人類的文明在這裏保存，人類的文化從這裏發揚。一個國家的博物館，是整個國家的財富。目前中國的博物館包括歷史博物館、藝術博物館、科技博物館、自然博物館、名人故居博物館、歷史紀念館、考古遺址博物館以及工業博物館等等，種類繁多；數以億計的藏品囊括了歷史文物、民俗器物、藝術創作、化石、動植物標本以及科學技術發展成果等諸多方面的代表性實物，幾乎涉及所有的學科。

如果能讓孩子們從小在這樣的寶庫中徜徉，年復一年，耳濡目染，吸收寶貴的精神養分成長，自然有一天，他們不但會去珍視、愛護、傳承、捍衛這些寶藏，而且還會創造出更多的寶藏來。

激發和創新

博物館是激發孩子好奇心的地方。在歐美發達國家，父母在周末帶孩子參觀博物館已成為一種習慣。在博物館，孩子們既能學知識，又能和父母進行難得的交流。有研究表明，十二歲之前經常接觸博物館的孩子，他的一生都將在博物館這個巨大的文化寶庫中汲取知識。

青少年正處在世界觀、人生觀和價值觀的形成時期，他們擁有最強烈的好奇心和最天馬行空的想像力。現代博物館，既擁有千萬年文化傳承的珍寶，又充分利用聲光電等高科技設備，讓孩子們通過參觀遊覽，在潛移默化中學習、了解中國五千年文化，這對完善其人格、豐厚其文化底蘊、提高其文化素養、培養其人文精神有著重要而深遠的意義。

讓孩子從小愛上博物館，既是家長、老師們的心願，也是整個社會特別是博物館人的責任。

基於此，我們在眾多專家、學者的支持和幫助下，組織全國的博物館專家編寫了"博物館裏的中國"叢書。叢書打破了傳統以館分類的模式，按照主題分類，將藏品的特點、文化價值以生動的故事講述出來，讓孩子們認識到，原來博物館裏珍藏的是歷史文化，是科學知識，更是人類社會發展的軌跡，從而吸引更多的孩子親近博物館，進而了解中國。

讓我們穿越時空，去探索博物館的秘密吧！

潘守永

於美國弗吉尼亞州福爾斯徹奇市

目錄

導 言

揭開遺址的密碼

除了陳列於博物館櫥窗或儲存於地下室裏的文物之外，遺址和遺跡同樣是悠久歷史和文明的見證。而且遺址所揭示出來的信息，遠遠超出單件文物的價值。為了保護遺址，展示遺址的文化內涵，各國建立了眾多遺址博物館，使其成為博物館這個大家庭中的重要成員。

中國的遺址博物館雖然起步很晚，但是發展很快。1958年，中國第一座新石器時代遺址博物館——西安半坡博物館建成並對外開放。隨後，中國的遺址博物館如雨後春筍般紛紛建立起來，展示的內容也越來越豐富。十幾年來，中國各地在整合遺跡和遺址博物館的基礎上，建立了許多考古遺址公園。在保護遺址的同時，考古遺址公園還是宣揚愛國主義、傳播傳統文化的基地，也是人民群眾休閒遊玩的文化場所。

遺址博物館和考古遺址公園具有小而精、專題化的特點，能夠反映一個特定的歷史時期或一個地方的文化信息。如周口店北京人遺址博物館，反映了距今約七十萬年至二十三萬年以前，生活在中國華北地區的古人類——北京猿人的生產生活；

鴻山遺址博物館，反映的是先秦時期江浙地區貴族的喪葬習俗；唐城遺址博物館，反映的是唐代揚州城的繁華景象；永順老司城遺址，則反映了宋元明清時期，華中地區土家族的歷史變遷……而這一切的一切，都要歸功於中國蓬勃發展的考古事業。同時，申報世界文化遺產，也加快了遺址博物館事業的發展。

為了更好地宣傳遺址的文化價值，博物館使用的先進展示手法越來越多。尤其是 3D 技術的運用，增強了文物和遺址的動畫效果，給觀眾留下了深刻的印象。根據報道，中國已在近幾年建成多處考古遺址公園和遺址博物館。相信在我們的共同努力下，昔日“蓬頭垢面”的遺址，將會以嶄新的面貌，成為城市中最美麗的地方，莫問遺產興廢事，請君只看大遺址。同時，它們也會成為傳播知識的地方。同學們會驚喜地發現，這裏有書本上還沒來得及記錄的歷史！

百聞不如一見，現在就讓我們一起去遺址博物館和考古遺址公園開開眼界吧！

第 1 章

上古時期的遠古人類

長期的野外生活，練就了山頂洞人的奔跑速度。所以遇到行動緩慢的野獸時，山頂洞人能夠很快追上並圍住它，把它打死或打暈。

國寶傳奇

距今大約七十萬年至二十三萬年前，北京西南的周口店地區居住著一群遠古人類。經過數十萬年滄海桑田的地質變遷，他們在這裏留下了自己的遺骨和遺物。這件"北京人"頭蓋骨就是其中之一。頭蓋骨是一個男孩的，八九歲左右。洞穴坍塌之時，他正在做什麼，我們無從得知，只知道，他的生命在孩童之時就戛然而止。

在發現北京人頭蓋骨之前，周口店只不過是北京西南一個普通的小山村，那裏的村民世世代代以採石燒灰為生，偶爾有人採集到"龍骨"，就賣到中藥鋪去或留作藥用。

1918 年，瑞典地質學家安特生帶著助手斯丹斯基興致勃勃地來到周口店的龍骨山，揭開了周口店遺址發掘的序幕。1929 年，年僅二十五歲的

圖 1.1.1
安特生（1874—1960）

圖 1.1.2
修復後的第一顆北京人頭蓋骨
（左為正面，右為反面）

圖 1.1.3
裴文中（1904—1982）

圖 1.1.4
北京人牙齒化石模型

裴文中開始負責周口店的發掘工作。當年 11 月，在發掘工作即將結束的時候，他在猿人洞內的一個化石非常豐富的小洞中，找到了埋藏在地層中幾十萬年的頭蓋骨。隨後幾天，又有兩顆頭蓋骨相繼重見天日。

這些頭蓋骨化石和後來發現的其他人類化石，為我們揭示了"直立人"（俗稱"猿人"）階段人類的基本特徵。那麼，距今幾十萬年前的北京人是什麼樣的呢？他們身材粗短，男性高約一百五十六厘米，女性高約一百四十四厘米，比現代人矮得多。不僅如此，他們的前額低平，眉骨粗大而且突起，顴骨高，鼻子寬扁，嘴巴突出，頭部微微前傾，腦容量平均只有一千多毫升。雖然不及現代人高大，但他們肩膀寬闊，肌肉發達，腿比較短，雙臂相對較長，雙臂下垂時指尖幾乎快要接近膝蓋，立正時也不像現代人那樣筆直挺拔。這些就是化石為我們帶來的舊石器時期古人類的訊息。

這些在周口店被發掘出來的頭蓋骨化石，是人類演化過程的重要見證物，是寶貴的人類遺產。然而在 1941 年，這些珍貴的化石卻全部失蹤了，只留下了照片資料。

1941 年，太平洋戰爭爆發前，日美兩國關係日趨緊張。當時的北京協和醫學院存放著北京人頭蓋骨和大批珍貴的化石標本，由於害怕落入日本人的手中，醫學院經過反覆協商、權衡利弊，最後經國民政府行政院院長翁文灝批准，準備將文物運往美國暫避戰火。但是誰也沒有想到，當美國人將北京人頭蓋骨運往秦皇島的時候，日本人偷襲了珍珠港，太平洋戰爭突然爆發，來接運化石標本的美國輪船無法駛達秦皇島，北京人頭蓋骨從此神秘失蹤。半個多世紀過去了，經過各方在全世界範圍的多方查找，北京人頭蓋骨卻仍杳無音信，成為世界懸案！

　　在中國這個古老的國度內，有很多像北京人的遠古人類。他們披荊斬棘，一次又一次地創造著奇跡，把人類文明的歷史推向新的階段。現在，讓我們一起去尋訪這些遠古人類的遺跡，探究他們是如何生產生活的。

圖 1.1.5
北京人頭蓋骨（複製品）

北京人的頭蓋骨，重大發現啊！

繁華遺跡

火種起源的地方
——北京周口店遠古人類遺址

他們在這裏生活

　　大約在七十萬年以前，北京西南郊 —— 周口店龍骨山，生活著一群能夠直立行走的猿人。那時的周口店地區樹木繁茂，氣候非常溫暖，他們看到一個可以遮風避雨的巨大洞穴，便留了下來，過起了群居的生活。後人就把這個洞穴叫作"猿人洞"。這群猿人，也就是人們常說的"北京猿人"。現在，這裏已經被闢為周口店國家考古遺址公園。

圖 1.2.1
猿人洞

勞動創造美好生活

　　周口店周圍有很多石頭，於是北京猿人開始就地取材，製作簡單的工具。通過長時間的摸索，他們終於製造出了用於割、切、砍、刮等用途的工具。工具的種類很多，如刮削器、尖狀器、砍砸器、雕刻器、石錘、球形器等等。有了這些工具，北京猿人就可以進行採集和狩獵了。他們採來櫟樹、榛樹、榆樹的果實、種子或者葉子，還有一些植物的莖，用木棒和石球獵取鹿、犀牛之類的食草動物。不過，由於工具原始，捕獵的方法單一，他們獲得的肉食相當有限。周口店附近有一條河流，也是北京猿人經常光顧的地方，捕魚、摸蝦、捉蛙和拾螺，都可以補充北京猿人食物的來源，增加食物的種類。

　　雖然食物來源豐富了，但是北京猿人的壽命依然很短暫。北京猿人居住的條件也非常險惡，有時不得不面對鬣狗、劍齒虎、棕熊和野豬等兇猛野獸的侵襲。

圖 1.2.2
北京猿人的切割工具

圖 1.2.3
劍齒虎的上犬齒

發現火種

有一天，北京猿人在野外採集食物的時候，樹林中燃起了大火。驚恐萬狀中，他們突然聞到了一股香味。走近一看，原來是動物燃燒後散出的香味。他們試著把燒過的"食物"塞到嘴裏，第一次嚐到了美味，興奮異常。火的作用，就這樣被遠古人類發現了。後來，他們逐漸學會了利用木頭引火，使用其他天然物保存火種，這樣不僅改善了他們的飲食結構，還可以用火嚇退野獸，從此他們過上了相對穩定的生活。

就這樣，他們在周口店地區斷斷續續地生活了四十多萬年。他們是在什麼時候，又是因什麼原因消失的，我們已經無從知曉了。

啊！燒過的肉真香！

他們更聰明

大約在一點八萬年以前，周口店又來了一批新的人，住在了龍骨山一個名叫"山頂洞"的地方。山還是那座山，水還是那灣水，但是這些山頂洞人比當年的北京猿人要聰明得多。他們懂得了人工取火，用火去追逐野獸；他們製作了骨針，縫製出了遮體的衣服；他們還會在石頭和骨頭上鑽孔，打磨石頭，做成各種各樣的裝飾品。他們還可以走到遙遠的地方，同其他地方的人交換生活必需品。山頂洞人的生活很忙碌也很豐富。

圖 1.2.4
山頂洞

長期的野外生活，練就了山頂洞人的奔跑速度。所以遇到行動緩慢的野獸時，山頂洞人能夠很快追上並圍住它，把它打死或打暈。圍獵是男

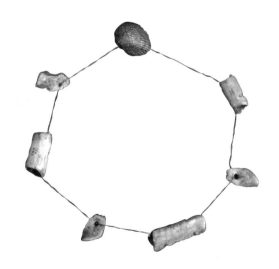

圖 1.2.5
裝飾品（由獸骨和蚌殼製成）

圖 1.2.6
骨針

人的任務，女人的任務是採集野果、縫製衣服。老人們已經跑不動了，就去幹一些釣魚之類的耐力活。孩子們呢，既不會打獵，也不會釣魚，更不會縫製衣服，就去河邊撿些小石頭、貝殼之類的東西，這些東西就是製作裝飾品的原料。

農耕生活的雛形——西安半坡遺址

他們是這樣的

遠古人類披荊斬棘的生活仍在繼續，但也在一步一步地發生著改變。在今天西安市東郊的滻河東岸，一個名叫半坡的村子裏，大約六千年以前居住著一群人。正是這群"半坡人"一次次的發明創造，推動了人類文明的進程。如今，原址上矗立著一座遺址博物館——西安半坡博物館，為我們展示了當年半坡人的生產生活狀況。

圖 1.2.7
半坡人復原像

勞動創造美好生活

　　半坡人逐漸告別了採集食物的時代，走向了農業生產之路。他們用石錛和砍砸器把一片片的樹林和雜草砍除，等到它們乾枯的時候，再放火燒掉，然後使用石鏟、石鋤翻地，疏鬆土壤，再用尖木棒等挖出一個個小坑，把種子撒播下去。等到莊稼成熟後，他們用石刀或陶刀收割穀穗。後來他們又發明了石鐮，提高了收割穀子的效率。他們還製造出了石磨棒和石磨盤，給穀子去殼，把穀子磨碎。

　　此外，半坡人還發明了新的狩獵工具——弓箭和石球，拉開了人和野獸之間的距離，避免了人和野獸近距離的正面接觸，提高了攻擊的準確性和殺傷力，也保證了人們的安全。

圖 1.2.8
石錛

圖 1.2.9
弓箭上骨質的箭鏃

圖 1.2.10
五魚紋彩陶盆

半坡人發現捕獲的獵物越來越多，一時半會是吃不完的。於是，他們把吃不完的、溫馴的活物，暫時關進了圈欄裏，開始了原始家畜的飼養。豬、狗、羊、雞，都是那時候開始飼養的。通過家畜的飼養，半坡人獲得了乳汁、肉食和皮毛，滿足了生活中的很多需求。

　　可以說，半坡人對火的使用已經達到了相當熟練的地步，不僅學會了製陶，而且能夠生產出各種帶有紋飾的彩陶。他們用赤鐵礦粉和氧化錳為顏料，在陶坯表面繪製各種圖案，入窯經火燒後，在橙紅的底色上呈現出黑、紅、白等顏色。

　　六千年以前的半坡氣候，比今天更為溫暖、濕潤。附近湖沼密佈，雨水豐盈，在這樣的環境下，魚類的繁殖能力很強，所以魚也成了半坡人的主要食物之一。

　　半坡人捕魚的工具很多，使用最多的是石網墜，其次是用骨頭磨製的漁叉。魚給半坡人帶來了豐收和富裕，所以他們對魚產生了膜拜之情，於是就有了魚神的雛形。他們在祭祀魚神的地方，放置了許多繪有魚紋的陶器（如前文提到的五魚紋彩陶盆），祈求漁獵的豐收。

圖 1.2.11
漁叉

最早的村落

走出了山洞的半坡人，在平原上建起了自己的房子，形成了村落。村子的形狀是不規則的圓形，一條大圍溝將村落分成了三個部分：圍溝以內是居住區，溝外北邊是墓葬區，東邊是製陶區。除了居住區以外，半坡人還修建了許多地窖，這樣可以儲藏生產和生活用具。

日子慢慢好了起來，穿上了布衣的半坡人，開始用各種裝飾品來美化自己。石環、陶環、骨笄（古代束髮用的簪子）、石璜（半璧形的玉）、蚌殼、獸牙，以珠飾、墜飾、片狀飾、管狀飾等不同形態，裝飾著半坡人全身的不同部位：把獸牙和蚌殼穿起來掛在頸部和腰部，把石環和陶環戴在手上或耳朵上，圍在腰間的是骨珠，骨笄可以用來束髮。

圖 1.2.12
大圍溝遺跡

魚米之鄉的文化之源——浙江餘杭良渚遺址

他們是這樣的

浙江省杭州市的餘杭區早在遠古時期就有了人類的足跡。他們在位於今天良渚鎮的地方栽培水稻，改革生產工具，最終成就了餘杭"魚米之鄉"的美譽。五千多年以前，告別了集體勞動的良渚人，開始了以家庭為單位的生產勞動。在他們中間，有了貴族和平民的劃分。良渚人的手藝很好，雕琢了各種精美的玉器；為了抵禦外來者的入侵，他們還築起了城牆，形成了中國最早的城市。

勞動創造美好生活

圖 1.2.13
石犁

良渚人發明了形體碩大的犁，揭開了犁耕時代的序幕。這些三角形的犁，有的長度已經達到了五十厘米。前鋒的夾角一般在四十度到五十度之間，中心常常穿鑿有一個到三個小孔。它們的背面平直，正面稍稍隆起，兩腰磨出鋒刃，並留有磨損痕跡。這種農具可以藉助前拉後推的力量，用來進行連續性翻土，其耕田的效率大大超過了耜耕方式。

除了犁，他們還有石鏟、石刀、石鐮。就是這些成套的、製作精良的生產工具，把他們的稻作農業推進到前所未有的發達程度。

不同的待遇

良渚人已經具備了識別和利用玉料的能力，掌握了雕刻玉器的高超技術。他們採用陰綫刻紋、淺平浮雕、鏤空透雕、半圓雕等多種技法，在玉料上雕琢出了細如毫髮的鳥紋、神人獸面紋等紋飾。他們製作出來的玉器多達三十餘種，其用途也是不一樣的：玉琮和玉璧在祭祀神靈的時候才可以使用，玉鉞（古代兵器）是權力的象徵。只有一般的裝飾品，如玉帶鈎、管狀器、玉龜和玉魚才可以在日常生活中使用。

良渚人有了社會等級的分化，喪葬禮儀是最明顯的表現。貴族死後，可以埋在人工營建的高台墓地之上，有寬大的墓穴和棺材，隨葬有大量玉器。此外，隨葬的陶器上還有非常精細的刻紋。而平民呢，他們大多只能埋葬在居住區附近或稍微遠一點的高地之上，沒有人工營建的墓地，墓穴很淺而且窄小，只有少數死者有木棺。他們的隨葬品僅有一些小件玉器，陶器雖然多卻很粗糙，石器也很少。一些平民的墓裏，甚至什麼東西都沒有。

圖 1.2.14
玉鉞

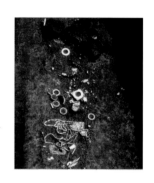

圖 1.2.15
瑤山二號墓出土的玉器

中華第一城

在經過精心勘察和規劃之後，良渚人開始修建城牆。他們在附近的天目山上開採石料，並從其他地方運來黃土，終於修成了一條周長六千六百米、平均寬度約五十米、高四米的城

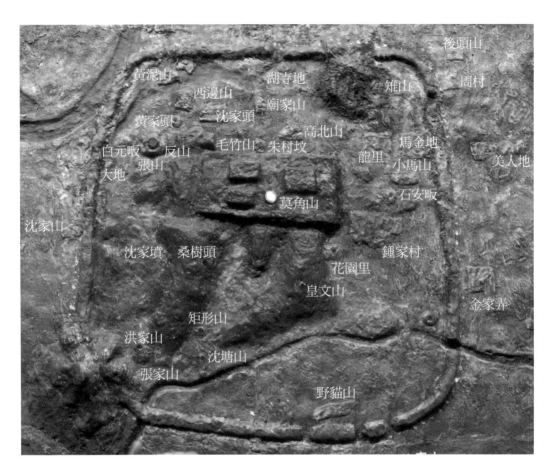

後頭山
黃泥山　　　湖寺地　　雉山　周村
　西邊山　廟家山
黃家頭　沈家頭
　　高北山　　　馬金地
白元畈　反山　毛竹山　朱村坆　龍里
張山　　　　　　　　　小馬山　　美人地
大地
　　　　　　　　　　石安畈
沈家山　　　　　莫角山
　沈家墳　桑樹頭　　　　鍾家村
　　　　　　　花園里
　　　　　皇文山
　　　　　　　　　　　金家弄
　矩形山
洪家山
　　沈塘山
張家山
　　　　野貓山

圖 1.2.16
良渚古城遺址平面圖

圖 1.2.17
良渚古城遺址

牆。良渚人充分利用了自然條件，莫角山西南面的鳳山和東北面的雉山也成了城牆的一部分。此外，他們還修建了六座水門。這樣，良渚城除了能夠抵禦外族入侵之外，還具備了防洪的功能。這可是一座佔地近三百萬平方米的大城市啊！有了城牆，良渚人又在莫角山上搭建了貴族們居住的宮殿，在城外建起了祭壇、手工業作坊和碼頭。就這樣，良渚人有了自己的國家和首都。如今，良渚國家考古遺址公園已向公眾開放。

供養女神的樑上原始人——遼寧牛河樑遺址

他們是這樣的

在中國遼寧省朝陽市境內的凌源市和建平縣交界處，有一處名叫努魯兒虎的山谷，谷間蔓延著十幾千米的黃土山樑。就在五千多年以前，

圖 1.2.18
牛河樑遺址鳥瞰圖

這裏居住著一群人，而且就在這十幾千米的山樑上，建起了一個古老而又神秘的國家。既然人們把這座山樑叫"牛河樑"，我們姑且把這群人叫作"牛河樑人"。現在，我們一起走進牛河樑遺址博物館，去探尋他們的生活吧。

偶像的傳說

牛河樑人崇拜女神，所以他們建造了一座女神廟。女神廟的地點選在了山樑的頂部，由南北兩組建築物組成。北部可能是主體建築，有多個房間。而南部只有一個房間，大概是神廟的附屬建築吧！牛河樑人根據自己的想像，塑造了女神的模樣。同時，他們還塑造了六位女性雕塑，陪伴在她的左右。

圖 1.2.19
女神廟遺址

圖 1.2.20
女神頭像

女神的頭像和真人的一樣大，朱紅色的面部，兩顴突起，圓額頭，扁鼻樑，尖下巴。女神那雙炯炯有神的眼睛，是用兩顆晶瑩碧綠的圓玉球鑲嵌而成的。

女神廟中為什麼有這麼多女性雕塑？在史前時代，女性常被作為豐產的象徵。這些女性雕塑的背後，是原始人類對於土地的信仰和崇拜，是對土地給予人類豐碩果實的感激和敬畏。那麼，神廟中的這位女神又是誰？她應該就是牛河樑人心中至高無上的神。還有人認為，她就是採石補天的女媧娘娘。

牛河樑人在女神廟的附近築起了祭壇，祈求女神賜福。石塊築起了一圈圈紅色的石樁，把祭壇分隔成三重圓形台基。這些台基的直徑分別有二十二米、十五點六米和十一米。每層台基從外向內，以零點三到零點五米的高度，層層升高。祭壇為什麼被築成了圓形？因為天是圓的。祭壇為什麼只有三層？因為"三"在古代有"多"的意思，"三重天"可指代最高的天。牛河樑人用白色石塊鋪設在祭壇的頂部，代表著朗朗的天穹和滿天的星辰。而三圈紅色的天然石樁，既是擎天柱，又代表著普照萬物的太陽光芒。祭祀女神的日子到了，人們從四面八方趕過來，圍繞在祭

圖 1.2.21
祭壇

壇的周圍，祝願、起舞、歌唱，祈禱豐收和兒孫滿堂。

古墓傳奇

牛河樑人用石頭壘砌墓穴，作為自己的魂歸之所。他們首先修整山頂，然後壘砌石塊。他們通常先砌一座大型石棺墓，在大墓的周圍再砌幾座或十幾座小型石棺墓。最後在石棺墓的上邊堆放石塊，形成了一種看似山陵狀的“積石冢”，它們圍繞著祭壇，組成了一個統一的積石冢群。牛河樑人已經有了貴族和平民之分。貴族是那些大型石棺墓的主人，他們在棺墓內放置了大量的玉器。在這些玉器中，最精美的當數玉璧、玉環和玉豬龍了。在這些死去的貴族中，有一位手握玉龜的死者，他應是牛河樑地區的最高統治者。而平民——那些小型石棺墓的主人，一般只有兩三件玉器隨葬，最多的也只有四五件。

圖 1.2.22
積石冢群

穿越時空

五六千年以前，告別了只能靠採集、狩獵才能填飽肚子的原始先民，走出了山洞，開始了男耕女織的田園生活。但是遠古人類的田園生活到底是什麼樣的呢？恐怕每個人都很難描述得清楚。藉助於聲光電等高科技手段，良渚博物院第二展廳全景式地再現了良渚先民生活勞作的場景。

圖 1.3.1
生活、勞作場景

良渚人的圈欄裏有成群的豬、牛、羊，所以不需要男人經常去狩獵。男人們的主要任務是耕地。兩個人在前，一個人在後，利用前拉後推的力量，用不了多長時間，就能把一塊田地翻個遍。婦女們也不用去外面採集野果了，她們就在家裏織布。不出幾天工夫，就能織好一匹布。有時候，良渚人也會撐起小船，到附近的苕溪去捕魚。魚簍裏已經裝滿了魚，丈夫把它交給岸上的妻子。看來，他們晚上可以享受美食了。想到這裏，兩個人禁不住露出了笑容。而他們的孩子，只顧一個人在岸上玩耍，絲毫沒有注意父母在幹什麼。

　　良渚這個地方經常下雨，地上會聚集很多的水，所以良渚人要把房子建在高出地面的地方。怎樣才能建造出既高出地面又堅固的房屋？良渚

圖 1.3.2
犁地

圖 1.3.3
織布

圖 1.3.4
捕魚歸來

圖 1.3.5
造房子

圖 1.3.6
切割玉料

人先在地面上打下堅固的圓柱，然後利用已經掌握的榫卯技術，在圓柱上成功地搭建出牢固的房屋結構。他們只需要再完成鋪設地板、糊牆和封頂的工序，就可以搬進去住了。

製作小件玉器，就要切割玉料，良渚人的切割工具是弓形“鋸條”。他們在玉料上不斷地加入砂粒和水，來回拉動“鋸條”，反覆摩擦，直到把玉料剖成兩面平整的玉片為止。所以，許多良渚玉器都有綫鋸的痕跡。

國 寶 檔 案

周口店用火遺跡

發掘時間：1927 年

發掘地點：北京周口店遺址

　　遺址揭秘：周口店用火遺跡位於周口店遺址的第一地點，即北京猿人居住的猿人洞。從 1927 年起，第一地點曾經被多次挖掘，最終考古工作者確認：洞穴內至少有五個灰爐層，各灰爐層厚度不盡相同，最厚的地方有六米。經過化學分析，灰爐被確認是燃燒的結果，而不是礦物的污染，或者其他原因。洞內還有三處灰堆以及大量

圖 1.4.1

灰爐層

的燒骨、燒石、燒焦的樸樹籽。此外，還發現了一塊紫荊樹的炭塊。種種跡象表明，北京人不僅懂得怎樣用火，而且會保存火種。

周口店用火遺跡的發現和確認，把人類用火的歷史提前了幾十萬年。火的使用，對遠古人類的進化有著重大的意義。除了可以躲避猛獸、禦寒、照明和改善食物的營養之外，火還可以用於工具和武器的製作，如燒烤後的木矛矛尖硬度會增大。正是學會了用火，才會有後來製陶術和冶金術的發明，從而使人類最終擺脫蒙昧野蠻的狀態，進入文明社會。

然而，一些西方學者對 "北京人用火" 的觀點提出了質疑。他們認為，周口店遺址發掘出的用火遺跡是野火自燃的結果，並不是人類有目的的用火。所以說，北京猿人到底會不會主動用火，還需要材料的進一步充實和更加嚴密的論證。

圖 1.4.2
燒骨（鹿角）

圖 1.4.3
北京人用火示意圖

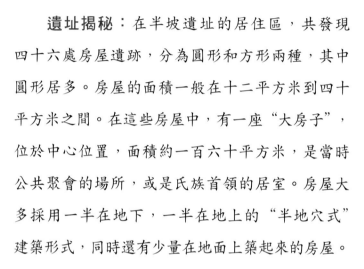

半坡房屋遺跡

發掘時間：1954 至 1957 年

發掘地點：西安半坡遺址

圖 1.4.4

半地式房屋遺跡（方形）

圖 1.4.5

穴居式房屋復原示意圖

遺址揭秘：在半坡遺址的居住區，共發現四十六處房屋遺跡，分為圓形和方形兩種，其中圓形居多。房屋的面積一般在十二平方米到四十平方米之間。在這些房屋中，有一座"大房子"，位於中心位置，面積約一百六十平方米，是當時公共聚會的場所，或是氏族首領的居室。房屋大多採用一半在地下，一半在地上的"半地穴式"建築形式，同時還有少量在地面上築起來的房屋。

建造"半地穴式"的房屋，一般有幾個步驟：

1. 建造地面。先在地基上鋪上一層木板，並塗抹好草泥土。經過火烤後，地面既光滑又堅硬。

2. 修築牆壁。以坑壁為牆基，地穴以上先用手腕粗的木柱作為骨架，編造籬笆。隨後在籬笆的表面敷上厚厚的濕泥，再架上柴火將其烤乾。這樣，堅固美觀的牆面就打造好了。

3. 搭建屋頂。屋頂是用排列整齊的十二根到二十根木椽架起來的，並覆蓋了拌上泥的草。這樣，一座抵禦風雨的房屋就完成了。

在房屋內，半坡人還建造了灶坑一類的生活設施。有了房屋，半坡人就可以避開外界的干擾，和自己的家人享受安定的生活。定居於平川的半坡人，可能還難以忘懷舊石器時代祖先所棲身的山洞，所以掘坑為室，在地面上架起屋頂，保留了濃厚的穴居遺俗。更何況，"半地穴式"的房屋冬暖夏涼，解決了半坡人在寒冷冬季和炎熱夏季應對氣候變化的問題。

建造地面

搭建屋頂

修築牆壁

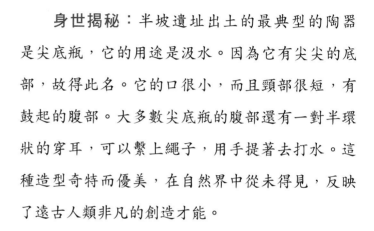

尖底瓶

發掘時間：1954 年

發掘地點：西安半坡遺址

圖 1.4.6
有穿耳的尖底瓶

身世揭秘：半坡遺址出土的最典型的陶器是尖底瓶，它的用途是汲水。因為它有尖尖的底部，故得此名。它的口很小，而且頸部很短，有鼓起的腹部。大多數尖底瓶的腹部還有一對半環狀的穿耳，可以繫上繩子，用手提著去打水。這種造型奇特而優美，在自然界中從未得見，反映了遠古人類非凡的創造才能。

尖底瓶不僅美觀，而且使用極為方便：當它汲水時，由於水的浮力作用，瓶的重心上移，瓶身向水面自動傾倒；水灌到一定程度時，瓶的重心下移，又恢復到瓶口朝上的位置，瓶身自動端正。提出水面後，水又不會傾灑。尖底瓶能夠自動汲水且提起不倒，造型和體積大小適中，所

圖 1.4.7
無穿耳的尖底瓶

以人們使用起來還是非常得心應手的，無論是大人還是小孩，把它背著、抱著、提著，都十分方便。注滿水時，瓶的底部還可插入沙土裏放置，或者繫上繩子掛在樹上。

可以說，尖底瓶的一切優良特性都與它的造型有關。但半坡人究竟受何事何物的啟發發明了它，至今仍是難解之謎。據一些研究者說，尖底瓶還有保溫的作用，所以有的尖底瓶沒有穿耳。半坡人為了在冷天或者夜裏喝到熱水，把裝上熱水的尖底瓶插進燃燒過的灰燼裏。因為這些灰燼的蓄熱性能非常好，可以長時間保持熱量。

有了尖底瓶，汲水更方便。

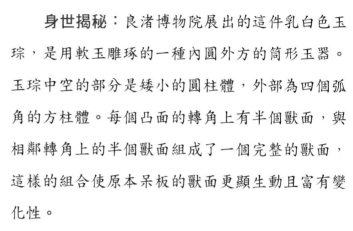

良渚玉琮

發掘時間：1987 年

發掘地點：良渚遺址群瑤山遺址二號墓

身世揭秘：良渚博物院展出的這件乳白色玉琮，是用軟玉雕琢的一種內圓外方的筒形玉器。玉琮中空的部分是矮小的圓柱體，外部為四個弧角的方柱體。每個凸面的轉角上有半個獸面，與相鄰轉角上的半個獸面組成了一個完整的獸面，這樣的組合使原本呆板的獸面更顯生動且富有變化性。

玉琮是良渚文化最重要的玉器種類，它有兩種功能：其一，優質的玉琮是溝通天地的法器，劣質的玉琮用來鎮墓壓邪和避凶驅鬼；其二，因為只有身份顯赫的人才能擔任巫師，所以玉琮象徵著權勢和財富。在已發掘的墓葬中，我們可以看出，身份越顯赫的人，隨葬的玉琮、玉璧就越多，這些隨葬品表明了主人生前的身份以及享用財富的程度和權勢的大小。

圖 1.4.8
玉琮
瑤山遺址二號墓出土

圖 1.4.9
玉琮
反山遺址十四號墓出土

匯觀山四號貴族墓

發掘時間：1991 年
發掘地點：良渚遺址群匯觀山遺址

遺址揭秘：匯觀山四號墓是一座貴族墓葬，出土了大量的玉器，它們排列得十分整齊。這種用玉器埋葬死者的習俗，叫作"玉殮葬"。遠古時期的先民認為玉不但能通靈，還能夠保護人的靈魂。他們相信玉石可以使屍體久存不腐，所以開始使用玉器來埋葬死者，而良渚就是這種墓葬習俗的發源地。此後考古工作人員在春秋戰國的墓葬中發現的玉覆面，以及在兩漢時期的墓葬中發現的金縷玉衣和銀縷玉衣，都是這種習俗的延續。

根據史書的記載，能夠保護死者屍體的玉器種類，只有玉璧和玉琮，而且它們放置的位置都是有嚴格規定的。匯觀山四號墓給我們展示了玉殮葬的相關信息：這座墓的主人頭部朝南，共有陶器、玉器和石器三類隨葬品，有三件陶器放在了棺材的外面，其餘四件陶器和四十八件石器放置在墓主人的腳部。保護死者屍體的玉璧和玉琮，則放置在了胸部到腳端之間的部位上。而其

圖 1.4.10
匯觀山四號貴族墓

圖 1.4.11
墓中的三叉形玉器

他大件的玉器，如三叉形玉器、冠狀器放置在死者腰部和腹部以上的部位。而錐形器、玉管和玉珠，則沒有固定的位置。除了四號墓之外，匯觀山上還發掘了三座同時期的玉殮葬。這三座墓葬中的玉器，擺放的位置和四號墓的情況大體相似。

無底筒形器

發掘時間：1986 年

發掘地點：牛河樑遺址

身世揭秘：無底筒形器是一種用黏土燒成的紅陶，有寬敞的大口，弧形的腹部。這種圓筒狀而且沒有底的器物，表面有彩繪的平行寬帶紋、勾連渦紋、垂環紋和魚尾式紋等紋飾。筒形器是牛河樑遺址中最常見的器形，在積石冢、祭壇和女神廟等遺址中都有發現。

無底的筒形器不能當生活用具，也不能用於引水和排水，它就是一種單純的祭祀器物。先民之所以把器物做成圓筒狀，是因為天是圓的；把它置於地上，並在筒內放石塊，又有了溝通天地的意思。天地要溝通，所以筒形器不能有底。在舉行祭祀活動時，先民們將筒形器放置於墓地和

圖 1.4.12
無底筒形器
祭壇出土

牆基邊緣，表示已經構建了通天大路，讓逝者的
靈魂早早升入天堂，保佑兒孫幸福和部族平安。
紅黑鮮明的筒形陶器成排擺放，可以烘托宗教的
神秘氣氛，使人們產生幻覺。祭祀結束後，這些
筒形陶器要毀掉，因此留下了許多散佈在遺址中
的碎片。

圖 1.4.13
無底筒形器
積石冢出土

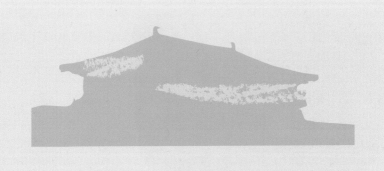

第 2 章

再現千年前的繁華盛世

西市的四條街道縱橫交錯，商旅行人絡繹不絕，非常擁擠。車水馬龍的街道和熙熙攘攘的人群，訴說著昔日的繁榮。

國寶傳奇

　　一千三百多年前，在唐代都城長安（今陝西省西安市），城東、城西各有一個貿易集市，被人們稱作「大唐東市」和「大唐西市」。東市經營國內貿易，西市是國際貿易中心。每天，西市都要進行大宗的商品交易，白皮膚、藍眼睛的商人進進出出，好不熱鬧。算珠便是見證之一，它可以計算商鋪的財務收支和貨物交易量。

　　大唐西市遺址出土的這套算珠，共有六十枚，看上去有些像藥丸的形狀，有黃色和綠色兩種。規格也分為兩種：一種直徑二點五厘米，一種直徑一點二厘米。算珠塗釉的地方很薄，依稀可以看見散亂分佈的渦紋。為什麼考古學家判斷它們是算珠，而不是小孩玩的實心彈球呢？原來，搖動它們時，可以感覺到硬核在算珠的內腔中晃動。根據史料記載和考古現場勘察，可以推斷它們是算盤的珠子。

　　這套算珠的發現具有劃時代的意義。中國古代一直使用籌算，經歷很長一段時間，珠算才出現，逐漸取代籌算，成為主要的計算方法。什麼是籌算？就是使用類似小棍形狀的籌作為工

圖 2.1.1
算珠
大唐西市遺址出土

圖 2.1.2
算珠

具，來記數、列式和運算。籌，可以用竹子、木頭、鐵、骨或玉等材料做成，盛裝在算袋或算子筒裏。籌算的方法過於繁雜，無法適應大宗的交易量，珠算就是在這種情況下產生的。珠算產生後，運算速度有了很大的提高，商業也得到了進一步的繁榮。那麼珠算是從什麼時候開始出現的呢？一般的觀點認為，珠算萌芽於宋元。但有些數學家認為唐代就已經出現了珠算。大唐西市遺址出土的這些釉陶算珠，為珠算的起源提供了實物資料，有力地證明了早在唐代就已經有珠算的萌芽。

如今，這些陶質算珠靜靜地擺放在大唐西市博物館的展櫃中，向人們訴說著昔日商貿的繁榮。

十幾個世紀過去，昔日的繁華勝跡早已被厚厚的瓦礫和土層所湮沒。人們或許早已淡忘，這裏曾經是一處繁華的集市，只知道許多年裏，一支幾十人的考古隊伍，在這裏幾進幾出。他們在這裏進行了多次勘察，也發掘過陶罐、陶盆或者古錢一類的遺物。然而不可思議的事情發生了，大唐西市在現代復活了。一座座商鋪在西市舊址拔地而起，置身其中，人們彷彿回到了唐代。這就是西安市於 2007 年啟動的"唐皇城復興計劃"，在這個項目的支持下，大唐西市在千年之後重新煥發了光彩。

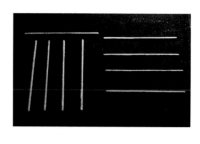

圖 2.1.3
籌

每個時代的都市，都是繁華的見證。宋代人孟元老有一本書，叫作《東京夢華錄》，追述了北宋王朝都城汴京（今河南省開封市）繁華的城市風貌。然而，古代城市中的繁華勝跡，古人的記錄畢竟太少，著實令人遺憾。

現在我們一起到遺址博物館和遺址公園，藉助現代科技手段，去感受昔日的繁華盛世吧！

三十六加二十七等於？

六十三！

繁華遺跡

請君只看洛陽城──隋唐洛陽城遺址

它是這樣的

　　洛陽城是隋、唐兩個朝代的東都，隋代大業元年（605 年）開始興建，歷經隋、唐、五代，直到北宋末年還在使用。隋唐時期的洛陽城不僅是絲綢之路在東方的起點，也是隋唐大運河的中心。它主要由宮城、皇城、郭城、東城、含嘉倉城、上陽宮、西苑等部分組成，佔地約四十七平方千米。

　　隋唐洛陽城遺址公園內的定鼎門遺址博物館二樓，放置著一座一百平方米的隋唐洛陽城沙盤

圖 2.2.1
隋唐洛陽城的佈局

圖 2.2.2
隋唐洛陽城的沙盤模型

圖 2.2.3
隋唐洛陽城模型（局部）

模型，展示著當時洛陽城的建築格局。當時的洛陽城有非常宏大的建築，如定鼎門、天津橋、天樞、端門、應天門、乾元門、乾元殿（後改為明堂）、天堂、貞觀殿、徽猷殿、玄武門、曜儀門、圓璧門和龍光門等。

昔日盛景

690 年，中國著名的女政治家——武則天在洛陽的明堂登基稱帝，改國號為周，揭開了她傳奇的女皇帝生涯。早在兩年前，為了登基大典，武則天下令拆除洛陽宮的正殿乾元殿，在此建造明堂。隨後又在明堂的北面建造了五層高的天堂，供奉巨大的佛像。明堂號稱"萬象神宮"，整體建築格局採用的是上圓下方的建築形制，體現了"象天法地"的設計理念。整座建築十分壯觀華麗，圓形屋頂上有展翅欲飛、飾以黃金的鳳

圖 2.2.4
明堂復原建築

鳳雕塑，中層的圓蓋裝飾有九條盤旋的黃龍。

　　明堂的功能很複雜，既是發佈政令的中樞，又是敬拜神靈的場所，同時也是武則天的寢宮。從 690 年到 704 年，武則天執政的十四年裏，幾乎每年的元旦和冬至日，都要在明堂舉行朝賀和祭祀活動。在這裏，她開科取士，招攬人才；在這裏，她調兵遣將，指揮若定。

　　明堂，這座宏偉的聖殿，深深打上了武則天的烙印。

　　昔日的聖殿早已煙消雲散，現代人通過殘留的歷史記憶，在原址上恢復了明堂。整座建築總高二十米，寬一百零五米，建築面積近一萬平方米，有三層台基，建築頂端是八角形的屋頂。站在這裏，回望歷史，憑弔古人，別有一番滋味。

武則天為什麼把國都選在了洛陽，而不是長安？原因很多，但是有一個原因是大家公認的。那就是，洛陽處在大運河的中心位置，可以就近獲得糧食補給。

大運河開通以後，各地的糧食源源不斷地運入洛陽。早在隋代，洛陽的附近就佈滿了糧倉，如著名的洛口倉。隋代末年，群雄逐鹿，瓦崗大軍攻下洛口倉，勢力得到空前的壯大。唐代以後，含嘉倉成為供養洛陽官員和百姓的大糧倉。在洛陽城的東北面，還修建了一座城池保衛含嘉倉，只有四座城門通向倉城。含嘉倉城的平面呈長方形，南北長七百二十五米，東西寬六百一十五米。考古工作者已經在倉城的東北部和南半部探出二百八十七座糧窖，它們呈東西排列，南北成行。至今，在一個編號一百六十號的窖中還保存著二百五十噸左右的碳化穀物。

糧窖的管理有著嚴格的制度，每座糧窖在倉城中的方位以及儲糧的品種、數量，糧食來自哪裏，什麼時間運入糧窖，經辦官員的官職和姓名等，都要明明白白。這些內容被記錄在石磚上，許多石磚還刻著唐代皇帝的年號，如調露、長壽、萬歲通天、聖曆等。

圖 2.2.5

糧窖發掘現場

圖 2.2.6

含嘉倉的石磚

它是這樣的

635 年，做了太上皇的唐高祖李淵得了一場病。當時正值夏季，天氣炎熱，李淵居住的太安宮不適合休養，唐太宗李世民決定為父親修建一座宮殿，作為消暑和休養的地方。然而工程剛剛開始，李淵就離開了人世，工程也就停了下來。高宗即位，恢復了工程建設，於 663 年正式入住，宮殿後被改名為大明宮。從此，大明宮成為唐代政治統治的中心。904 年，大明宮毀於戰

圖 2.2.7

大明宮考古遺址公園規劃圖

01 興安門倒影廣場	09 殿前西路	17 右銀台門廣場	25 東緩衝區停車場
02 建福門倒影廣場	10 昭慶路	18 池南路	26 東緩衝區六號廣場
03 丹鳳門南廣場	11 右金吾丈電瓶車停車場	19 九仙門外廣場	27 蓮花磚上朝路
04 望仙門倒影廣場	12 左金吾丈電瓶車停車場	20 玄武門廣場	28 西緩衝區停車場
05 御道廣場	13 公園西路	21 玄武路	29 考古遺址中心
06 建福西路	14 宮牆路	22 公園北路	30 青霄路
07 御道廣場西路	15 宮牆路	23 球場周邊道路	
08 建福中路	16 右銀台門外廣場	24 東緩衝區三級園路	

火，幾年之後，唐代滅亡。2010 年，大明宮遺址被闢為國家考古遺址公園，正式向公眾開放。

昔日盛景

　　大明宮分為南、北兩個部分：南部是皇帝處理政務的地方，由南向北構成了一條中軸綫。在中軸綫上，坐落著含元殿、宣政殿和紫宸殿三大殿，其他建築也大都沿著這條軸綫分佈。北部是皇帝的生活區，以太液池為中心，周圍有三清殿等多處建築遺存分佈。生活區的西部是朝廷宴會和接見外國使節的麟德殿。根據史書記載，大明宮共有一百三十三處建築，有二台、四觀、六亭、六閣、八院、十樓、三十八門、五十六殿，館、落、池各一處。

　　如今，大明宮考古遺址公園裏的宮城微縮景觀，向我們訴說著昔日大明宮的繁榮氣象。

圖 2.2.8
大明宮復原效果圖

風雨塵煙

朕要考考你們。

漫步在大明宮考古遺址公園，就會發現歷史的遺跡正在把當年大明宮裏發生的大事小情向人們娓娓道來。

712 年，唐玄宗李隆基即位。初登帝位的李隆基，意氣風發，發誓要為百姓營造一個太平盛世。而要實現盛世，關鍵還是要選拔合格的地方官。想到這裏，他決定在宣政殿裏親自考核吏部最新任命的一批縣令。然而考試的結果大出皇帝的意料：在一百多位考生之中，只有一人是可造之材，二十多人基本合格，而一半以上是濫竽充數之輩。唐玄宗當場罷免了濫竽充數的縣令，揭開了科舉考試改革的序幕。宣政殿，這座見證唐

圖 2.2.9
大明宮微縮景觀（局部）

圖 2.2.10
宣政殿遺址

圖 2.2.11
紫宸殿遺址

代重大政治活動的宮殿，如今只剩下一段東西長近七十米，南北寬四十多米的台基了。

再說說紫宸殿，皇帝和五品以上的官員，每天都要在紫宸殿裏議決國家大事。當然，這裏也會舉行其他的活動，比如招待四方的少數民族首領、外國使節，慶祝軍事勝利，選拔天下英才等。現如今，紫宸殿的建築主體已被破壞，夯土基和夯土依稀可見。

參考史書上的記載，古建專家和建築藝術家用樹木修剪出了宣政殿和紫宸殿的主體形狀，並在此基礎上，用輕鋼和原木搭建了宮殿的輪廓。

從武則天退位到玄宗上台，唐代高層的權力鬥爭一直不斷。僅在大明宮北面的正門——玄武門內外，就上演了兩次宮廷政變：710 年，李隆基攻進了玄武門，誅滅了亂政的韋皇后和安樂公

玄武門

唐武德九年（626 年），由唐高祖次子李世民發動流血政變的地方是位於太極宮的北宮門玄武門，非大明宮的北宮門玄武門。

圖 2.2.12
玄武門遺址石碑

主，兩年後登基，開創開元盛世。而就在三年前的玄武門前，另一場政變的失敗者——李重俊被殺，身首異處。一勝一敗的結果，詮釋了“成者為王，敗者為寇”的真正含義。

當年的血腥場面，早已塵封在歷史的記憶中，復原後的玄武門也不在原址。只有矗立在原地的石碑還在提醒人們：這裏才是當年親歷盛唐世事更迭的玄武門！

對外交往的窗口——揚州唐城遺址

它是這樣的

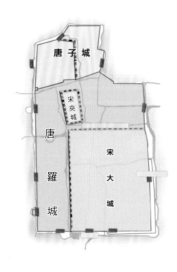

圖 2.2.13
唐宋揚州城的佈局

隋唐時期，大運河開通，國際交往頻繁，揚州一躍成為當時最繁榮的國際商業大都會、重要的南北交通樞紐、最大的商品集散地和著名的對外貿易港口，成為繼都城長安、東都洛陽之後的第三大城市。歷經秦、漢、魏、晉、南朝、隋唐、宋等朝代的洗禮，揚州城垣雖屢有興廢，然而城址卻未曾發生變化。

唐代的揚州城繼承了隋代城市的佈局特點，分為子城和羅城兩部分。子城又名牙城、衙城，是官府和衙署辦公的地方。子城在城北的蜀岡之上，可以俯瞰羅城，據險而守，考古發掘留下了相關的證據。居民區和工商業區則分佈在子城的南面，四周有郭，所以叫郭城，又名羅城。

　　揚州唐城遺址博物館就坐落在子城遺址的西北角上，在這裏還有復原的子城城牆。城牆高約六米，城門為八字門楣，雙闕並立，中夾門道。城牆之上，大唐彩旗迎風飄揚，鈴聲陣陣，悅耳動聽。在南城牆外的護城河上，還有一座長一百四十八米的唐式平橋橫跨南北。登上南城牆遠眺，可以看到蜀岡下遺存的羅城城垣和秀麗的景色，而這樣的情境多多少少會勾起人們的懷古之情。

　　唐代的揚州，公共設施已經相當完善。在子城遺址內，有一處排水涵洞的遺跡，殘長十二米，洞寬一點八米，高二點二米。涵洞其實就是排水管道，而為了調節水流，洞壁的中腰設置了一塊木板。這樣的設計結構，在當時的隋唐城市考古發掘中還是首次發現。

城垣

城垣，中國古代圍繞城市的城牆，包括城門、城樓、角樓和甕城等。

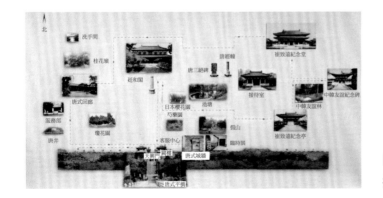

圖 2.2.14
揚州唐城遺址博物館導覽圖

圖 2.2.15
仿唐子城城牆

圖 2.2.16
排水涵洞遺址

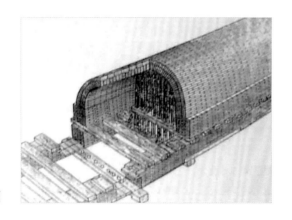

圖 2.2.17
排水涵洞復原效果圖

昔日盛景

　　唐代的揚州是對外開放的港口，揚州銅鏡久負盛名，海馬葡萄紋鏡更是銅鏡中的上上品，曾通過海上向東傳入了今天的日本和朝鮮半島，扮演了中外文化交流使者的角色。

　　2007年，時任中國國務院總理的溫家寶在一次中韓經濟界舉辦的午餐會上，特別提到了新羅的文學家崔致遠。崔致遠生活在唐代晚期，長期在中國揚州生活和工作，留下了著名的文集——《桂苑筆耕集》。他在揚州擔任的官職叫作"館驛巡官"，主要的工作職責是傳遞消息、投送公文、轉運公家的物品，按照官職的大小給來往的官員提供食宿。崔致遠工作勤懇，又有過人的才華，所以被當時揚州的最高長官高駢看重，擔當了撰寫奏章和修建揚州城的重任。通過高駢，崔致遠得以施展匡時濟世的政治抱負。離開揚州回國之後，他又為中國文化的傳播積極奔走。

　　如今，揚州唐城遺址博物館開闢了崔致遠紀念堂，不僅為崔致遠塑像，而且用翔實的史料、圖片和文物，介紹了他在揚州的功績，以此來讚揚這位中韓文化交流的友好使者。

新羅

新羅，朝鮮半島的古國。曾與百濟、高句麗形成鼎足之勢，處於朝鮮的"三國時代"，與中國唐代有密切聯繫。

圖 2.2.18
崔致遠塑像

它是這樣的

隨王朝剛建立的時候，就在當時都城的東、西兩側設立了市場，分別定名為"都會"和"利民"。中國古人要避諱當朝皇帝的名字，唐太宗李世民做了皇帝以後，"民"在民間就不能用了，"利民"也就改成了"利人"，這就是後來的"西市"，而"都會"也就是後來的"東市"。人們經常在這兩個市場裏購買用品，俗語"買東西"也就是在這時候產生的。大唐西市博物館就坐落在西市原址上。

為了管理西市，唐代政府設立了一些機構，如"西市署""平準署"等，並派駐了官員。他們有著明確的分工：每天早上，西市署的官員擊鼓，開啟一天的商業活動；臨近黃昏的時候，官員敲擊閉市鉦，標誌著一天的商品交易結束。此

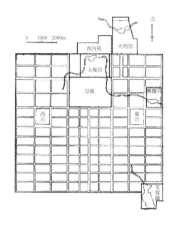

圖 2.2.19
西市的位置

圖 2.2.20
擊鼓開市

圖 2.2.21
鳴鉦閉市

外，他們還要定期檢查度量衡，解決商人之間的糾紛。而調整市場物價、穩定市場供求關係的任務，則落在了平準署官員的身上。

昔日盛景

在西市一千六百畝（約為一百零六萬平方米）的區域內，集中了二百二十行、數萬戶的商家，平均店鋪面積大概只有十平方米。為了擴大營業面積，獲取更多的利潤，許多商家在正鋪之外又建造了偏鋪，影響了西市的管理。所以，官府不得不下禁止令，拆除違規建築。

西市有很寬的街道，四條街道縱橫交錯。西

身處西市無需愁，
稀奇寶貨樣樣有。

市有十六米寬的"井"字交叉街道，南北兩條街市相隔三百零九米，東西兩條街也有三百二十七米的距離。與其同時期的阿拉伯帝國，首都巴格達市場只有幾條百米長的街道，而東羅馬帝國的都城君士坦丁堡，最大的市場佔地也不過上千平方米。

車水馬龍的街道和熙熙攘攘的人群，訴說著昔日西市的繁榮。現在大唐西市博物館一層的"十字街"遺址保護展廳還保留著當年的印跡。十六米寬的路面上，左右各留出一米寬的人行道，中間是十四米寬的車馬道。路面不僅有長年碾壓的痕跡，而且留有若干條寬一點三米的車轍遺跡。

每天，西市的行人絡繹不絕，非常擁擠，所以橋樑必須結實。在十字街口的北側，東西向的溝渠上有一座石板橋，長五點五米，寬一點七五米，供人們通行。石橋由七塊石板組成，除了用鐵卡固定它們之外，每塊石板的下面還有支撐石板的石條。石橋下面的涵洞是一條排水通道，這說明了西市的公共設施很完善。

人們還把永安渠和龍首渠引入西市，成為西市連接外界的水運要道，同時也是西市飲用水的來源。人們在各自的作坊或商鋪中開鑿了許多水

井和水窖，解決了吃水和生產用水的問題。這些
水井的規格一般是深四至六米，直徑約一米，井
壁用磚砌成。

圖 2.2.22
石板橋

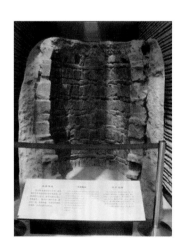

圖 2.2.23
水井遺跡

穿越時空

　　也許大家很難像歷史學家和考古學家那樣，通過查看歷史記載和親臨發掘現場，去感受昔日大唐西市的繁華景象。但是，大唐西市博物館通過模型復原了西市的概貌，展示了發生在西市裏的故事，讓大家對大唐西市有一個更加直觀的認識。

　　南北向和東西向的四條街道縱橫交錯，把西市劃分成九個面積相等的長方形格局。藥鋪、雜貨鋪、染坊等二百多個行業，鱗次櫛比地開設在九個長方格中。一條河道，連接著西市的東、西方，岸邊整齊地排列著翠綠的楊柳，一條條貨船穿梭於河道之中，它們有的準備裝卸，有的已經起航。街道上同樣是熱鬧非凡，還有人牽著馬匹走在拱橋上。

圖 2.3.1
大唐西市建築模型

西市處處充滿了商機，能夠準確地把握商機的竇乂就是在此發家致富的。他在西市的南面，花三萬錢買了一片無人問津的低窪地，並在窪地的中央立起了一根高大的旗杆，他每天雇人做好大餅，並派人放出消息：只要有人用石子擊中旗杆頂端的繡球，就有免費的大餅吃，多中多得。消息吸引了很多長安城的閒人。杆子很高，很少

圖 2.3.2
西市模型中的商鋪

圖 2.3.3
西市水運模型

圖 2.3.4
復原展覽之一——竇乂買坑

有人能擊中，但是大家的好奇心和好勝心絲毫不減，投石擊球的人越來越多。沒過幾天，人們就把這片窪地填平了。寶乂在這塊土地上蓋了二十幾家鋪面出租，每天坐收幾千錢的租金。西市也是文人騷客經常光顧的地方。"李白斗酒詩百篇，長安市上酒家眠。天子呼來不上船，自稱臣是酒中仙。"唐代大詩人李白經常出入西市胡人開設的酒肆，酩酊大醉之後，寫下了許多膾炙人口的詩篇。

人生得意須盡歡，
莫使金樽空對月。

國 寶 檔 案

明堂中心柱坑遺址

年代：唐代武則天時期

發掘時間：1986 年

發掘地點：隋唐洛陽城明堂遺址

遺址揭秘：一千三百多年前，武則天在明堂登基稱帝。根據史料記載，明堂建築有三層，中間是八十六米高的巨型通天柱，貫通明堂。中心柱坑遺址，其實就是通天柱的底座部分。這處遺址的坑口直徑九點八米，坑底直徑六點一六米，底部有四塊大青石，每塊青石長二點四米，寬二點三米，厚約一點五米。青石的周圍有磚砌的矮牆，呈現出八邊形。四塊青石的中心處有一個正方形的槽，邊長零點七八米，深零點四米，其中的三方石頭上鑿有直徑為零點三米的圓形榫眼。這四塊青石能夠承受通天柱的巨大壓力，槽和榫眼則是用來固定通天柱的。史書上說通天柱很粗，需要十個人合抱在一起才能將其圍住。而柱

圖 2.4.1
柱坑遺址

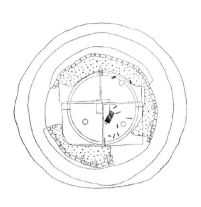

圖 2.4.2
柱坑遺址平面圖

坑的發現，證明了史書的記載是真實的。

　　2010 年，明堂重建以後，柱坑遺址成為明堂一層的中心展示區。昔日的通天柱已經不復存在，但是在高科技的幫助下，通天柱得以重現。工作人員在柱坑的外沿圍成了一個八面體的玻璃柱筒，又在其北面相鄰的三面上使用了一種電解質調光玻璃。這種玻璃通電之後，可以投射出"通天柱"的影像。玻璃時而展現通天柱的壯觀，時而變成透明狀，一條金色的巨龍游弋其中，觀眾可以近距離地感受通天柱的氣勢恢宏與金碧輝煌。站在明堂的二層俯瞰，柱坑遺址一覽無餘。

圖 2.4.3
通天柱展示區

丹鳳門遺址

年代：唐代

發掘時間：2005 年

發掘地點：唐代大明宮遺址

　　遺址揭秘：丹鳳門是大明宮的正南門，始建於 662 年，門上建有巍峨高大的丹鳳樓，是唐代皇帝進出大明宮的主要通道，也是皇帝登基、更改年號、大赦天下和宴請外國來賓的重要場所。考古發掘證實：丹鳳門由黃土夯築，由東、西兩個墩台（作用和烽火台相同）、五個門洞、四道隔牆、東西墩台兩側的馬道和城牆組成。墩台兩側的馬道各寬三點五米、長五十四米。

　　五個門洞的寬度都是八點五米，而且設有

圖 2.4.4
丹鳳門復原建築

石頭做成的門檻。隋唐都城的城門已經發掘過多座，但無論從門道的寬度，還是從馬道的長度來看，沒有一座城門能夠超過丹鳳門的規模，因此它被譽為"盛唐第一門"。

不僅如此，考古專家在挖掘丹鳳門遺址的過程中，還發現了許多唐代以後的遺物，見證了西安古城形成和發展的歷史。2010年，由張錦秋先生設計和復原的丹鳳門矗立在原址上，保持了墩台、門洞、城牆、馬道和門樓的基本結構，再現了唐代皇宮正門的形式、尺度和建築特色。丹鳳門外部全部選用淡棕黃色的色彩，既像黃金，又像黃土，展現了皇宮正門的宏偉端莊；內部是丹鳳門遺址博物館，共有三層，集中保護和展示丹鳳門遺址和從中出土的文物。

圖 2.4.5
夜幕下的丹鳳門

圖 2.4.6
丹鳳門遺址展示區

含元殿龍首渠及御橋遺址

年代：唐代

發掘時間：2006 年

發掘地點：大明宮含元殿遺址以南六百五十米
範圍內

遺址揭秘：含元殿遺址以南一百三十米處，是一條東西向的人工渠道。已經探明的長度為四百多米，寬三點六米，深一點六米，渠道兩壁陡直，局部有磚砌的護坡。在四百多米長的渠道內，有三處木橋的橋墩遺存。可以想像，這裏曾經矗立著三座橋樑。中間的橋樑正對著含元殿遺址的中央，東西長十七米，南北寬四十三點四米，有七個橋洞。西橋距離中央橋樑一百二十八米，東橋距離中央橋樑一百二十九米。

根據史書的記載，這條水渠應該就是唐代龍首渠的一段支渠，龍首渠上的東西橋樑是文武百官的下馬橋，中間的橋樑則是皇帝專用的御橋。此外，考古工作

圖 2.4.7
含元殿遺址

圖 2.4.8
含元殿遺址前的磚道復原

圖 2.4.9
龍首渠和御橋復原展示

者還發現了車道和磚道遺跡。

目前，遺址公園已經對龍首渠支渠和御橋進行了復原展示。通過橋樑、車道和磚道遺跡，便可想見唐代文武官員上朝時的情景：天還未亮，唐長安城內已經出現了一些乘坐馬車的文武百官，急匆匆趕往大明宮含元殿。他們在東西橋的南側下車之後，步行經過東西橋，穿過磚道，進入含元殿的西朝堂，等待皇帝上朝。

險些遲到啊！

年代：唐代

發掘時間：1978 年

發掘地點：揚州唐城遺址

身世揭秘：揚州唐城遺址是中國境內最早發現唐代青花瓷的地方，共出土二十幾件殘片。唐青花瓷的發現，解決了青花瓷最早起源於唐代還是宋代的爭論，具有重要的意義。隨後，杭州、洛陽等地也陸續發現了唐代青花瓷小件或殘片。

據推斷，唐城遺址出土的青花瓷片很可能是由生產唐三彩的黃冶（今屬河南省鞏義市）窯爐燒製的，因為黃冶窯燒製的藍釉陶片與揚州出土的唐青花瓷片化學成分完全一致。有的學者因此認為青花瓷與唐三彩一脈相承，青花瓷是由唐三彩中的藍彩發展而來的。

現在，世界上保存完整的唐代青花瓷主要有美國波士頓博物館收藏的一件青花花卉紋碗和丹麥的哥本哈根博物館收藏的一件青花魚藻紋罐。此外，1998 年，一家德國打撈公司在印度尼西亞海域打撈出一艘名叫"黑石號"的唐代沉船，發現了三件完整的唐代青花瓷盤。經過專家們的鑒

圖 2.4.10
打馬球青花紋罐

定，這三件青花瓷盤也是由黃冶窯燒製的。2006年，鄭州上街區峽窩鎮的七號唐墓出土了兩件青花罐，其中一件的圖案是打馬球。

由此可知，唐代青花瓷不僅在國內使用，而且遠銷海外。由於揚州是唐代的四大對外貿易港口之一，我們可以推測，遠銷國外和國外收藏的那些唐代青花瓷，有一部分可能是從這裏出港到達海外的。

獨木舟

年代：唐代
發掘時間：1979 年
發掘地點：石塔西路唐代河道遺址
現藏地點：揚州唐城遺址博物館

身世揭秘：這隻獨木舟被發現時，已經殘破。整個船體殘長五點七二米，寬零點七米，深零點二三米。它是由一根桫木挖成的，剖面呈"U"形。船體的內部有分隔船艙空間的凹槽，而且在凹槽上放置了木板。船的頭部翹出，露出尖尖的一角，船尾呈現出平直的狀態。從二十世紀六十年代以來，揚州已經陸陸續續地發現了十多艘唐代獨木舟。這些獨木舟主要有兩個用途：一

是用於端午節的龍舟比賽，如陳列在揚州雙博館裏的"競渡船"；另外一個是作為河岸與大木船之間的小型運輸船使用。唐城遺址博物館收藏的這隻獨木舟出現在河道，說明它就是一艘運輸船。獨木舟經常和大木船同時被發現，證明了揚州造船業的發達和水運交通的便利。

揚州的造船業歷史悠久，早在漢代就已經有了官辦的造船工廠。到了唐代，揚州的造船業更加發達。僅 766 年到 779 年，只有十幾年的工夫，揚州管轄的揚子縣就出現了十個大型的造船工場，生產出兩千多艘大大小小的船隻。每天，成千上萬石糧食在揚州的運河碼頭上船，再經過大運河，運進大唐的東都——洛陽，供給那裏的官員和百姓。發達的造船業，便捷的水利交通，造就了唐代揚州城的繁榮昌盛。

圖 2.4.11
獨木舟
揚州唐城遺址博物館館藏

圖 2.4.12
競渡船
揚州雙博館館藏

圖 2.4.13
陶塤

三彩胡人頭像陶塤

年代：唐代

發掘地點：大唐西市遺址

現藏地點：大唐西市博物館

身世揭秘：大唐西市遺址出土的這兩件唐代三彩陶塤，現藏於大唐西市博物館。兩件大小相似，高三點五厘米，寬三點六厘米，都是用陶土燒製成的。塤的外部呈現出阿拉伯人頭部的形狀，內部是空心的，在人的頭頂和兩頰處各有三個小孔。它們是塤的吹孔和音孔。其中一個人披髮，深目高鼻，顴骨較為突出，面部塗有以綠釉為主的三彩釉色；另外一個人雙目圓睜，鼻樑矮小，臉部也塗有三彩釉色，呈現出斑斕的色彩。除了面部，陶塤的其他地方都沒有釉色。

塤是中國古代最古老的吹奏樂器之一，起源於一種叫作“石流星”的狩獵工具，用來誘捕獵物。先民發現這種工具掄起來後，在風力的作用下，能發出悅耳的聲音。後來他們就拿來吹奏，石流星也就慢慢地演變成了樂器——塤。塤的形狀多為圓形或橢圓形，底部呈平面，大小如鵝蛋，多孔，最為常見的是六孔塤，頂端有吹孔。

這兩件三彩陶塤以阿拉伯人的頭像作為題材，形象逼真，惟妙惟肖，由此可以斷定大唐西市是一個阿拉伯商人雲集、國際貿易蓬勃發展的中心；同時，西市也是一個文化高度繁榮、輕歌曼舞的地方 —— 那裏不僅盛行中國傳統的民族舞樂，中亞地區的舞樂也得到了發展。

第 **3** 章

探尋千年陵墓的秘密

不知道萬曆皇帝造了多少件酒器，只知道金的、銀的、玉的，他死後一共帶走了五十多件。看來，享盡人間美酒的他，還要用這些酒具繼續享用地下的美酒。

國寶傳奇

在中國古代，能把酒喝出特色，喝出文化的帝王為數不少，我們就單說明代的萬曆皇帝朱翊鈞吧。朱翊鈞喜歡瓊漿玉液，更喜歡工藝精湛的酒具。他時常一邊喝酒，一邊把玩，很是享受這個過程。

圖 3.1.1
萬曆皇帝畫像

這件帶托金酒注是萬曆皇帝生前最喜歡的酒具之一。它直口、粗頸、方腹，有圓筒形的高圈足。金酒注高二十一點八厘米，口徑四點四厘米，底徑四點九厘米，底部還有一個高一點九厘米，直徑八點三厘米的盤托。

整個酒注造型新穎別緻，氣度端莊華麗，不但鑲嵌玉雕盤龍，還有多顆大小不一的紅、藍寶石以及精雕細琢的各類紋飾，盡顯皇家風範。酒注的製作流程複雜，工藝精湛，堪稱明代金器中的代表作。同時，它也算得上是中國歷代金器中的上上品了。

有這樣一件珍貴的酒具，就足夠萬曆皇帝炫耀了吧？答案是否定的，因為這位皇帝似乎永遠沒有滿足的時候，這樣的酒具得有一對。有了這對倒酒的酒注，還得有酒杯和酒盞。於是，萬曆

圖 3.1.2
帶托金酒注

皇帝就命工匠們造，而且造出來的酒具既要造型新穎，又要華麗和富貴。後來，幾套精美的酒具如金托金爵杯、金托玉爵杯、鎏金銀托盤雙耳玉杯和金盞陸續問世了。皇宮裏有數不盡的金銀和玉料，工匠們可以發揮想像，盡情創造。

可以說，這些酒器是萬曆皇帝沉湎酒色的見證。萬曆皇帝一生嗜酒，從小就開始在太監們的誘導下喝酒了。小皇帝因為喝酒，還鬧出過幾件荒唐事，差點被他的母親李太后廢黜。萬曆皇帝親政之後，大權獨攬，沒有了顧忌，他就開始無節制地飲酒。除了嗜酒，他還好色、貪財、易怒。正當年富力強的時候，他發病的頻率卻越來越高，經常頭昏眼花。

圖 3.1.3
金托金爵杯

圖 3.1.4
金托玉爵杯

圖 3.1.5
鎏金銀托盤雙耳玉杯

圖 3.1.6
金盞

一位名叫雒于仁的大臣給萬曆皇帝上了一份奏疏，明確指出他的病根，是因為縱情於"酒、色、財、氣"。奏疏一上，皇帝大怒，非要嚴辦雒于仁不可。後來，在群臣的勸解下，事情以雒于仁被罷官收場。

　　不知道萬曆皇帝造了多少件酒器，只知道金的、銀的、玉的，他死後一共帶走了五十多件。看來，享盡了人間美酒的他，還要用這些器具繼續享用地下的美酒。

　　中國古人有一種"事死如事生"的觀念，認為人死後可以繼續享受人間的物質和精神財富，所以死者要隨葬生前的東西，後人對待死者也要像他們活著的時候。民間尚如是，皇家更是如此，所以當帝王走到生命盡頭的時候，往往要把生前最喜歡的東西帶到陵墓中，能帶走多少就帶走多少。同時，奴僕、妻子兒女、文臣武將，死後也會和他在地下相會，所以帝王在陵寢旁為他們設置了陪葬的墓地。陵寢、隨葬品和陪葬墓，組成了帝王們的地下世界。

繁 華 遺 跡

王朝的霸氣——殷墟王陵遺址

它是這樣的

金碧輝煌的埃及金字塔，是遊客們嚮往的聖地。在世界考古專家的眼中，中國也有一處與之相媲美的地方，那就是河南安陽的殷墟王陵。它與殷墟宮殿宗廟遺址、洹北商城遺址隔河相望，共同組成了著名的世界文化遺產——殷墟遺址。

在面積約三十平方千米的殷墟王陵遺址範圍內，埋葬著盤庚遷殷之後的歷代商王。經過幾代考古工作者的努力，有十三座王陵被發現並發掘。除一座空墓（M1567）外，其餘墓中都出土了精美的玉器、青銅器、甲冑和石器等隨葬品。那座只有墓

圖 3.2.1
殷墟遺址

室而沒有墓道的空墓，墓主人究竟是誰？

他就是商王國的末代君王——紂王。這座墓本是為紂王所修築，只是由於周武王伐商，紂王在鹿台自焚而死，所以沒有葬入此地。

圖 3.2.2
殷墟王陵大墓鳥瞰圖

歷史謎團

在中國古代，帝陵和貴族墓都有墓道。墓道越多，等級越高，四條墓道是最高等級，只有王才能享用。殷墟王陵內，共有八座墓使用了這種規格的墓室。

在一座編號 M1001 的大墓裏，靜靜地躺著賢王武丁。當時，商王朝剛剛從一百多年的混亂局面中走出來，國力衰弱，諸侯離心。這位雄才大略的君主，在其統治的五十九年時間裏，任用傅說、甘盤等賢臣，征伐四方，開創了被後世史學家譽為“武丁中興”的盛世局面。他的妻子是中國第一位女將軍婦好。婦好經常指揮軍隊東征西討。死後，她被武丁葬在了處理政務的王宮旁邊。時至今日，民間還流傳著婦好上陣殺敵和傳說舉於版築之間的故事。

圖 3.2.3
婦好墓出土的虎紋大銅鉞

史海鈎沉

　　商人崇尚鬼神，他們無時無刻不在舉行祭祀和占卜的活動。在祭祀時，會有一些人被殺掉，和牛羊豬等牲畜一起，供奉給祖先或神靈。為了侍奉死後的王公貴族，他們的陪臣、妻妾、侍衛和親信，或者做僕役的奴隸也都要殉葬。所以，祭祀坑遍佈於王陵遺址的各個角落，也就不足為怪了。現在這些祭祀坑早已被回填，工作人員在遺址旁邊建起了一座祭祀坑展覽館，為我們再現了當時的情景。祭祀坑裏白骨累累，既有動物的遺骨，也有人的遺骸。這些遺骸告訴我們，大部分人是被砍殺的，而且多為青壯年，也不乏女性和未成年的兒童。

　　如今，文明與野蠻，血腥和殺戮，一同在歷史的煙雲中消散了。只有賢王與名臣、夫妻同心的故事，流傳千古。

圖 3.2.4
祭祀坑大廳

圖 3.2.5
祭祀坑裏的白骨

浩大的地下王國——秦始皇帝陵博物院

它是這樣的

　　"刑徒七十萬，起土驪山隈"，這是一項什麼樣的工程，需要動用七十萬的勞動力？熟知中國歷史的人們都會把它和秦始皇聯繫在一起。想當年，秦王嬴政掃滅六國，一統天下，萬里江山盡在一人手中，這是何等的英雄氣概。死了，他也要在地下享受這一切。早在十三歲繼承秦國王位之時，嬴政就開始在驪山腳下籌劃修建自己的王陵了。天下統一後，全國七十多萬刑徒為他營建了更大規模的帝陵。這座陵墓一直挖到地下的水層，並用銅加固基座。地宮裏面佈滿了奇珍異寶，遍設帶有利箭弓弩的機關裝置，還注滿了水銀，象徵江河湖海。地宮內用魚油燃燈，燈火通明。地宮頂部鑲著象徵日月星辰的夜明珠，地面山川形勝，儼然一個地下王朝。

圖 3.2.6
秦始皇畫像

圖 3.2.7
銅馬車

秦始皇的陵園佈局可以說是秦都城咸陽的翻版。高大的封土、地下的幽宮，象徵著咸陽宮，內城代表的是皇城，外城代表的是整個咸陽城。至於咸陽城裏供遊獵的苑囿，飼養駿馬的廄苑，軍用的武庫以及供皇室娛樂的百戲、珍禽異獸也都在陵園裏一一呈現。

陵墓裏的排兵佈陣

當年，秦始皇憑藉著秦軍這支“虎狼之師”，橫掃六國，平定嶺南，北卻匈奴七百餘里，打出了萬里江山。在秦始皇兵馬俑博物館的展廳裏，一個個鮮活的兵俑形象彷彿把我們帶到了那個金戈鐵馬的時代。

這裏有久經沙場的將軍，也有初上戰場的青年。身高一點九六米的將軍，巍然直立，雙目炯炯有神，表露出一種堅毅威武的神情；一個武士，頭微微抬起，兩眼直視前方，意氣風發；還

圖 3.2.8
兵馬俑展廳一角

圖 3.2.9
步兵俑

有一個車士，身披鎧甲，右手執長矛，左手駕
車，沉穩中透出一股剛毅之氣。

陵墓裏的行政機關

　　武力建國後，怎樣才能有效地管理這個國
家？當年的秦始皇在中央設立了三公：丞相，輔
助皇帝處理天下的政務；太尉，掌管天下的軍
事；御史大夫，負責監察百官。此外，秦代還有
九卿分別負責具體的行政事務。在秦始皇的地下
王朝裏，怎麼能缺少類似的政府機構和官員呢？
看，他就是負責帝國司法建設和監獄管理的廷
尉，而他的腳下就是地下世界裏的廷尉府。

圖 3.2.10
文吏俑

圖 3.2.11
旋盤俑（局部）

陵墓裏的娛樂生活

秦國尚武，上至君王，下至百姓，都崇尚武力，所以，不管是在統一前，還是統一以後，宮廷常常會舉行扛鼎、角力一類的活動，不時還伴有尋橦、旋盤等項目。所有的展示，統稱為“百戲”。秦始皇死後，也把這些娛樂活動帶進了他的地下王國。

看，有位演員登場了，他上體裸露，下著彩色短裙，正擺出旋盤的姿勢。

從封土到幽宮，從兵馬俑到百戲俑，這些無不顯示出秦始皇帝陵工程之浩大。這項浩大的工程，到底有多大呢？五十六點二五平方千米——相當於七十八個故宮的面積。在這座帝陵中，還發生了哪些傳奇的事情呢？這一切，只能留待皇陵全部開啟的那一刻了。

大唐盛世的見證——昭陵博物館

它是這樣的

在陝西省咸陽市禮泉縣的東北角，有一座九嵕山。此山山勢雄勝，虎踞渭北，氣掩關中，開創了“貞觀之治”盛世局面的大唐第二代皇帝——唐太宗李世民就長眠於此。

少年英發的李世民表現出了非凡的軍事才能，曾在雁門關前智退數十萬突厥大軍。十九歲那年，他和父兄舉起了反隋的大旗，締造了大唐王朝。隨後，他又逐一蕩平群雄，一統天下。登基之後，他推行寬政，和睦鄰族，大唐帝國名揚海內外。大唐昭陵，注定不是一座普通的帝王陵墓，而是一位帝王赫赫功業的展示。

史海鈎沉

唐王朝初建時，還僅僅局限於關中和太原一帶，其他地區還是割據勢力的天下。當時擔任天策上將的秦王李世民執掌兵符，開始了東征西討、統一天下的歷程。九年間，李世民騎"拳毛騧""什伐赤""白蹄烏""特勒驃""青騅"和"颯

圖 3.2.12
唐太宗畫像

圖 3.2.13
昭陵博物館正門

露紫"，臂挎巨闕天弓，馳騁沙場，最終完成了
統一大業。

為了紀念這六匹非死即傷的戰馬，李世民命
令閻立德和閻立本兩兄弟，把它們的形象雕刻成
浮雕，放置在陵園祭壇的兩側。可惜的是，這六
尊浮雕現在已散落各處。"颯露紫"和"拳毛騧"

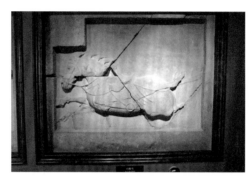

圖 3.2.14
白蹄烏
西安碑林博物館館藏

圖 3.2.15
青騅
西安碑林博物館館藏

圖 3.2.16
拳毛騧（複製品）
昭陵博物館館藏

於 1914 年被打碎裝箱盜運到美國，現藏於美國的賓夕法尼亞大學博物館。其餘四塊也曾被打碎裝箱，幸虧在盜運時被截獲，現陳列在西安碑林博物館裏。如今，放置在陵園裏的六件複製品，還在向遊人們訴說著當年太宗皇帝橫掃群雄的豐功偉績。

紀念的鐫刻

公元 643 年，太宗還命閻立本在凌煙閣內描繪出了二十四位功臣的畫像，即《二十四功臣圖》，借以懷念當初一同打天下的諸多功臣。武將有李靖、尉遲恭、秦瓊、程咬金等，文官有房玄齡、杜如晦、長孫無忌、魏徵等人。這些功臣生前為李世民出謀劃策，協助他平定和治理天下，死後又被皇帝賜葬在了昭陵之內，陪伴在君王的左右。

如今，那些昭示功臣事跡的碑文和墓誌銘靜立在昭陵博物館的陳列室裏，訴說著太宗皇帝知人善任的寬闊胸懷和融洽的君臣關係。同時，太宗的妃嬪、兒女和其他名臣宿將也都葬在了陵園之內，連同二十四功臣在內，昭陵陵園內共有一百八十五座陪葬墓。

圖 3.2.17
尉遲恭墓誌銘（局部）

太宗在位期間，與其他民族保持了友好的關係，被周邊的少數民族首領親切地尊為“天可汗”。據說，當時周邊有四十四個部族首領接受了唐王朝的冊封，唐朝政府在這些地區設立了類似於內地行政級別的羈縻府州和其他機構。立於昭陵司馬門內的十四國君長石刻像，就是貞觀時期各民族大團結、唐代開拓西域和鄰邦關係的友好見證。這十四國君長中，有大家熟知的突厥可汗——頡利，娶了大唐文成公主的吐蕃贊普——松贊干布，還有西域于闐國國王伏闍信，朝鮮半島的新羅國王金真德等。如今，歲月的侵蝕與破壞，已使許多石像或灰飛煙滅，或僅存像座。

唐太宗的偉業、昭陵的雄姿，也促發大詩人杜甫為此留下過一首名詩——

重經昭陵

草昧英雄起，謳歌歷數歸。

風塵三尺劍，社稷一戎衣。

翼亮貞文德，丕承戢武威。

聖圖天廣大，宗祀日光輝。

陵寢盤空曲，熊羆守翠微。

再窺松柏路，還見五雲飛。

看盡世事浮沉——北京定陵博物館

歷史謎團

想必大家都知道，在北京郊外有一處著名的皇家陵園——十三陵。二十世紀五十年代中期，學界曾試圖揭開這片地下皇家陵園的神秘面紗，但最終，只有一座陵墓——定陵的地宮被成功打開，成為迄今為止唯一一個被中國考古學家有計劃地進行發掘的皇陵。它的主人就是萬曆皇帝——明代在位時間最長的皇帝。與此同時，他也是一位神秘的皇帝，在富麗堂皇的紫禁城裏竟然度過了二十餘年不理朝政、與世隔絕的生活。

在君臨天下四十八年後，萬曆皇帝平靜地離世。當考古人員揭開靈柩時，這位奇主的軀體已經腐爛，空剩骸髏，唯有頭髮保存尚好，甚至嘴角還殘留幾縷鬍鬚。萬曆皇帝身穿龍袍，腰束玉帶，足蹬長靴，兩腿長短略有差異，可能生前有殘疾。最令人稱奇的是他的葬式——仰面朝天，右手卻扶著自己的面額，不知是何緣故，只有留給後人去遐想了。

它是這樣的

定陵的地宮裏，原來放置著三副楠木棺椁，裏面存放著萬曆皇帝和孝端、孝靖兩位皇后的屍骨。萬曆皇帝生前最寵愛的鄭貴妃，因為不是皇后，未能陪葬在萬曆皇帝身邊。令人惋惜的是，"文革"的時候，三座棺椁內的屍骨被紅衛兵付之一炬，而棺椁也被扔進了大山之中沒了蹤影。所以，現在地宮裏擺放的三副木椁，和放在裏面的帝、后屍骨，都是仿製復原的。

定陵出土了三百多件文物，除少量是用於祭祀的禮器外，絕大多數都是萬曆和兩位皇后生前的生活用品，如金銀器、瓷器、玉器、珠寶、衮服、冕旒和百子衣等。金絲翼善冠為萬曆皇帝生前佩戴之冠，精美至極。它用金絲編織而成，孔眼勻稱又絲毫不透接頭，冠上有堆壘的二龍戲珠

圖 3.2.18
地宮棺椁和木箱（仿製品）

圖案，尤其是龍的造型生動有力，氣勢雄渾。可以想見，它曾伴萬曆皇帝參加過多少次隆重的儀式，見證了他從雄心壯志到暮氣沉沉的漫漫帝王生涯。

鳳冠為皇后所佩戴，共有四頂，每一頂都是用百塊寶石、三五千顆珍珠製成的。工藝精緻無雙，風格雍容華貴。其中一頂為孝端皇后所佩戴，構圖為三龍兩鳳，一龍口銜珠寶，珠寶碩大晶瑩，世所罕見，左右兩龍各銜長串珠結。鳳口銜珠滴，鳳上滿飾翠雲。翠雲是用翠鳥的羽毛粘結而成的。冠的裏面是用漆竹絲做的圓錐，邊緣鑲著金質口圈。

圖 3.2.19
鳳冠

圖 3.2.20
金絲翼善冠

看著定陵出土的這些金燦燦的金錠和白花花的銀錠，你也許馬上會聯想到萬曆皇帝很貪財。為了斂財，萬曆皇帝下令地方官吏要定期向他進貢，還把進貢錢財的多少作為考核官員政績的主要標準。不僅如此，他還豢養了許多宦官到各地去橫徵暴斂，大肆搜刮民脂民膏。甚至老百姓養一隻雞，也要向皇帝繳納稅金。萬曆皇帝搜刮了這麼多錢卻捨不得花，全都囤積在自己的小金庫裏。邊境四處發生戰事，朝臣們苦苦相求，他才拿出一點無濟於事的小零頭。令人稱奇的是，銀子竟然因為窖藏太久已經變黑了。

　　在世時，萬曆皇帝是個大財迷。死後，這些銀子也被搬到陵寢，他還要繼續做大財迷。

　　有這樣的皇帝，明王朝焉能不亡？萬曆皇帝死後，留下的是一個民生凋敝的國家。1644 年，李自成攻破明王朝的首都 —— 北京，崇禎皇帝吊死煤山，明王朝滅亡。

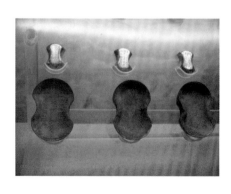

圖 3.2.21
金銀錠
定陵出土

穿越時空

中國是最早使用車的國家之一，相傳早在四千六百多年前的黃帝時代就已經創造出來了。夏代還設置了"車正"一職，專門負責車輛管理和公共道路維修。不過，這些只是傳說，尚無實物來證明。那麼我們現在所能看到的中國最早的車是什麼時候的呢？答案是商代。

現在我們就一起去殷墟王陵遺址車馬坑陳列館，再次穿越時空，去看看商代的車吧。

商代的車子都是木質結構的，主要由輿、軸、輪、轅、衡、軛和軎等幾部分構成。為了美觀，馬和車上還有青銅製成的裝飾構件。由於深埋地下，年深歲久，考古人員發現它們時，木質部分已全部腐朽，僅存遺痕和青銅構件了。根據泥土中保留下來的車子輪廓，考古工作者成功剝剔和清理了它們。經過復原，三千多年前的車子終於重新展現在人們的面前。

三千多年前，每當春意盎然或秋高氣爽的時候，商王就會乘車去各地巡視。是選用兩匹馬還是四匹馬駕車呢？馭手們全聽主人的安排。大大小小的臣工和諸侯們，每年也要乘車去封地，或檢查工作，或查看收成。為了出行方便，他們把道路修得很寬，道路中間可以同時並行兩輛馬車。出行的時候，車子的碾壓聲、馬蹄聲和馬頭上的鈴鐺聲，交織成了一支悅耳的田園交響曲。而當邊疆危急的烽火傳到都城時，商王和他的貴族們即刻換上戎裝，登上兵車，開赴前綫，指揮千軍萬馬馳騁沙場。這時候，戰爭交響曲就該奏響了。

圖 3.3.1
商代馬車結構和青銅
飾件的位置

圖 3.3.2
馬車復原模型

圖 3.3.3
展覽大廳

　　商王和貴族通常還未離世就開始建造陵墓，
把心愛之物都放在裏面。銅器、玉器小，可以隨
處放置。馬車太佔地方了，這可怎麼安置呢？
他們想到了兩種方法：要麼把車拆開，把馬匹和
零件分散在墓穴的各個地方；要麼在陵墓的旁邊
挖一個坑，這樣連馬帶車，還有馭手，就都齊全
了，省得靈魂出遊時，還得把馬車重新組裝起

來。坑還可以挖得大一些，這樣就可以多放幾輛馬車。

　　有了這兩種方法，商王和他的貴族們在陵墓中成功安置了六十多輛車、幾百匹馬和幾十個熟練的馭手。當它們重見天日的時候，幾千年已經過去了。

圖 3.3.4
馬車（正面）

圖 3.3.5
馬車（背面）

國寶檔案

獸祭坑

年代：商代中晚期
發掘地點：殷墟王陵遺址

遺址揭秘：商代的統治者非常重視祭祀活動，尤其是對祖先的祭祀。有時單獨祭祀一位祖先，有時幾位祖先一起祭拜。後來，這些祭祀祖先的活動逐漸彙集成一套規範的制度。每到特定的祭日，商王就會祭奠相應的祖先。這樣，一個輪迴下來，需要三百六十天或者更長的時間（三百七十天），歷史學家們稱之為"周祭制度"。

圖 3.4.1
獸祭坑遺址

　　每次祭祀，商王都會動用幾十個，甚至千餘個"犧牲"。犧牲的用法也多種多樣，如火燒、沉河、對剖、肢解、剝皮、活埋、斷首、水煮、曝曬等等。殷墟王陵裏分佈著的這些祭祀坑，就是當年商王祭祀祖先時留下來的。為了保護遺址，陵區採取了地下封存、原址展示的方法，而以下情景都是當年考古發掘現場的情形。

圖 3.4.2
馬骨

祭祀坑裏埋葬了馬、牛、羊、犬、象、豬、狐等多種動物，有的坑裏只埋一隻動物，有的坑裏埋了好幾隻同類動物，也有的坑裏埋了幾種動物。根據動物的遺骸來統計，馬最多，有一百一十七匹。獸祭坑的象骨，證實了三千多年前的安陽周邊是一個氣候溫暖濕潤、林草茂密的地區，這一情況已經通過甲骨文得到了考古學界的證實。河南簡稱"豫"，與大象出沒於當時的河南叢林有密切的關係。

秦陵二號銅車馬

年代：秦代

發掘時間：1978 年

發掘地點：西安秦始皇帝陵遺址

身世揭秘：這件二號銅車馬和另一件一號銅車馬同時出土於秦始皇陵的一處陪葬坑內。出土時，兩件銅車馬均已破碎，經過修復完好如初。

這件二號銅車馬為單轅雙輪車，由四匹馬拉，車輿分前後。車的平面呈現凸字形，凸出部分就是馭手所坐的地方。馭手為踞坐姿態，兩臂前舉，雙手執轡，每個手指的關節、指甲都被塑得非常逼真，他的身體前傾，雙目注視前方，半抿雙唇，面帶微笑，神態恭謹，然而恭謹中又有一絲得意，真實展現出高級奴僕的形象。

圖 3.4.3
一號銅車馬

圖 3.4.4
二號銅車馬

圖 3.4.5
二號銅車馬上的馭手

車室的後面有門，左、右與正前方有三個窗戶。正前方的窗板為鏤空的菱形花紋，窗板可以開啟，便於主人與馭手互通信息。車篷用銅骨架支撐，上面覆蓋一層絹帛。四匹馬神態各異，中間的兩匹馬昂首正視前方，兩側的馬略側視，張大鼻翼做喘息狀。

銅車的製作工藝十分繁雜和精細，運用了鑄造、焊接、鑲嵌以及子母扣、紐環扣、銷釘連接等多種工藝。車、馬通體彩繪，圖案花紋風格樸素、明快大方，以白色為基調的彩繪肅穆典雅，配以大量的金銀構件，更加顯示出華貴和富麗。製作者在對馬的處理上尤為精細：先把不同部位的馬毛進行銼磨，然後塗上顏色，從而再現了真實的皮毛感。

一號銅車馬為護衛的武士所乘坐，二號銅車馬屬后妃一類人的乘車。兩車僅僅是秦始皇車隊中的一部分。史書記載，秦始皇出遊時有八十一駕陪車。如果陪車的盛況都像銅車馬這樣豪華，那麼他本人乘坐的〝金根車〞一定更加豪華和氣派。

儀衛圖

年代：唐代

發掘時間：1986 年

發掘地點：昭陵遺址長樂公主墓

身世揭秘：儀衛是儀仗和衛士的合稱，是唐代貴族身份和地位的象徵，同時也是唐墓壁畫最常見的題材。唐太宗第五個女兒——長樂公主李麗質的墓中有兩幅儀衛圖，一前一後，繪製在墓道的東側。

前一幅是《袍服儀衛圖》，高二百六十五厘米，寬三百五十六厘米。畫面中有八個人，皆頭戴黑色的襆頭，穿著白色的圓領窄袖長袍，束著黑色的腰帶，外衣為淡青色的繫領敞襟短袖風衣，腳穿長筒的尖頭黑靴。他們個個濃眉大眼，身材魁偉。

後一幅是《甲冑儀衛圖》，高二百六十五厘米，寬四百零八厘米。畫面中共有六人，皆頭戴頭盔，穿著毛皮甲袍，束著腰帶，腳上也穿著長筒的尖頭黑靴。

這兩幅圖前後相接，一文一武，真實地反映了當時的儀衛場面。壁畫中的十四個人物，雖然

圖 3.4.6
《袍服儀衛圖》

圖 3.4.7
《甲冑儀衛圖》

都是溜肩細腰，但個個鬚髮錚錚，傳達著一種氣
吞山河的精神氣概，而這種氣概最能表達貞觀年
間的尚武精神和蓬勃向上的社會風貌。

阿史那忠墓碑

年代：唐高宗時期

發掘地點：昭陵遺址阿史那忠墓

身世揭秘：阿史那忠墓碑陳列在昭陵博
物館碑刻陳列室。碑首雕刻著螭龍，碑身寬
一百一十八厘米，厚三十四厘米，碑額用篆書寫
著“大唐故右驍衛大將軍薛國貞公阿史那府君之
碑”二十個大字。碑身為三十三行楷書，記載著
墓碑主人的生平事跡。

通過碑文，我們知道這座墓碑的主人名叫阿史那忠，他的身份非常尊貴。碑首雕刻著螭龍，證明他的品級最低也是五品。從阿史那這個姓氏來看，他應該是北方突厥可汗家族的成員。據史書記載，阿史那忠還有以下幾個身份：突厥頡利可汗的堂兄弟，唐代的皇親國戚（太宗貴妃韋珪的女婿），唐太宗倚重的十五位少數民族將領之一。

圖 3.4.8
阿史那忠墓碑

阿史那忠立下了赫赫戰功：唐太宗時期，唐軍討伐東突厥，頡利可汗兵敗逃至阿史那蘇尼失的領地，被阿史那忠擒獲，並獻給了唐王朝，北方邊境由此恢復安定。此後，阿史那忠就留在了唐太宗的身邊。西域小國焉耆、處月、處密背叛大唐，他協助當時的西域主管——安西都護郭孝恪平定了三國的叛亂，並圓滿地完成了西域的善後工作。唐高宗即位之後，他又率軍北征薛延陀，東討契丹，西伐吐蕃，開疆拓土。正因如此，阿史那忠死後，和秦瓊、尉遲恭、程咬金等秦王府的舊部一樣，被賜葬在了昭陵。這樣，君臣就可以生死與共了。

圖 3.4.9
阿史那忠墓碑上的碑文

身世揭秘：金龍百子衣是一件極其精美的刺繡珍品，方領，對開襟，出土於定陵地宮孝靖皇后的隨葬品箱子裏。出土時，它已經殘破，但刺繡工人根據圖樣又成功複製出一件，大家由此可以一飽眼福。

整件刺繡以百子圖為主，共由四十組圖案組成，每組畫面上的童子人數一至六個不等。每個場面兒童的嬉戲方式和神情各不相同，有的鬥蟋蟀、戲金魚，有的練武、摔跤、踢毽子，有的爬樹摘果，有的站凳採桃，有的蹴鞠，有的放風箏、玩陀螺，有的放爆竹、捉迷藏，有的扮作教書先生處罰弟子，有的學武松打虎的姿態揪打花

圖 3.4.10
金龍百子衣

圖 3.4.11
金龍百子衣（複製品）

貓⋯⋯兒童天真活潑的神態被刻畫得惟妙惟肖、淋漓盡致。

刺繡的前後襟和兩袖之間有九條用金綫繡成的龍，九條龍姿態各異，或騰空，或行雲，變化多端。百子圖案之間，點綴著象徵吉祥如意的金錠、銀錠、古錢、寶珠、犀角、珊瑚、如意等多寶圖案，還有桃花、月季、牡丹、荷花、菊花、梅花等花卉組成的春、夏、秋、冬四季場景，整個圖案寓意著皇家子孫萬代、多福多壽、綿延不絕。

圖 3.4.12
金龍百子衣（複製品局部）

衣料的配色也是匠心獨運：整體色調以紅、黃、藍、綠和白五種為主，在朱紅色的底色上配合棗紅、水紅、粉紅、普藍、藏青等將近二十個不同色調，因而有光彩奪目的藝術效果。這件刺繡還是一次針法的大展示，穿絲針、搶針、網繡等十餘種針法輪番出現，令人歎為觀止。

誰能摘到果子，
誰就當孩子王！

第 4 章

古族的神秘傳說

誰也不會想到，這種青銅造型竟然印證
了那個數千年的傳說，而且還引發了蠶叢和
魚鳧兩代君王到底誰在前誰在後的爭論。

國寶傳奇

　　中國有位家喻戶曉的詩人——李白，他有一首千古絕唱——《蜀道難》，詩裏有這麼一句："蠶叢及魚鳧，開國何茫然。"不僅是李白，在許多古人的文章裏，也都記錄著這樣一條信息：蠶叢和魚鳧是遠古時期四川地區的兩位君王。

　　1986 年，在三星堆遺址二號祭祀坑進行發掘的時候，考古工作者發現了一種造型奇特且充滿神秘氣息的青銅面具。當時誰也不會想到，這種青銅造型竟然印證了那個數千年的傳說，而且還引發了蠶叢和魚鳧兩代君王到底誰在前誰在後的爭論。那麼，這到底是怎麼回事呢？

　　這件銅縱目面具有"千里眼"和"順風耳"

圖 4.1.1
銅縱目面具

的美譽，已經有三千多年的歷史了。此外，在同一個祭祀坑裏還有其他縱目面具），比這件小，而且在形象上略有差異。如圖顯示的這件面具額部鑄有數十厘米高的精美額飾，雙耳的姿勢基本平直。

圖 4.1.2
銅戴冠縱目面具

根據古書的記載，蠶叢應是古蜀國中最早的王，書中說他的眼睛很長。那麼祭祀坑中出土的這幾件縱目面具，很有可能就是根據蠶叢的形象塑造出來的。可是，問題隨之而來。考古工作者在三星堆遺址中還發掘了另一座祭祀坑（編為一號祭祀坑），出土了上面刻有魚、鳥、箭組合圖案的金杖，這種圖案應是暗合了古蜀國的另一位君王——魚鳧的形象。專家綜合各種因素斷定，一號坑比二號坑至少要早數十年，這與史書的記載是矛盾的。那麼蠶叢究竟是不是古蜀國最早的王？如果是，為什麼在一號坑中沒出現蠶叢形象的實物？看來，最早的蜀王究竟是魚鳧還是蠶叢，還有待更多的資料來證實。

關於這件奇特的面具，文物專家們還有其他見解：有的認為它是獸面具，有的認為面具左右伸展的大耳是杜鵑的翅膀，其形象應是古史傳說中死後魂化為杜鵑的第四代蜀王杜宇，還有的認為它是太陽神形象，等等。

直到現在，這件面具到底蘊含著什麼樣的含義，還是沒人說得清，但可以這樣認為：它既非單純的人面像，也不是純粹的獸面具，而是一種人神同形、人神合一的意象造型，巨大的體量、極為誇張的眼睛與耳朵都是為了強化其神性，它應該是古蜀人的祖先神造像。總之，這些縱目面具的出現，表明了在三千多年以前，四川地區的遠古民族已經創造了高度發達的文明，和其他地區的遠古文明共同構成了中華文明多元化的淵源。

圖 4.1.3
魚鳧雕像

中華五千年的文明史，是漢族以及各少數民族共同創造的。在中國歷史上，不知道有多少已經消失的民族。他們的歷史究竟該如何書寫，或許考古遺址可以幫助我們撿拾起一些片段。

繁 華 遺 跡

神秘的古族文明——三星堆古蜀遺址

文明崛起

五千多年前，一支來自岷江上游的氐羌人經過跋山涉水之後，來到了成都平原上的廣漢地區。這裏縱橫交錯著河流，隨處可見大小沼澤，不僅是各種魚類的天堂，而且還有自由飛翔的鳥兒。他們靠捕魚，在這塊樂土上站穩了腳跟。同時，通過多年的馴化，他們把一種名叫"蜎"的蟲變成了家蠶，於是他們又有了自己新的民族名稱——蜀。

在中國最早的文字甲骨文中，"蜀"字看上去像一隻大頭蟲正在吐絲，這就是蜀人得名的由

圖 4.2.1
水門遺址

圖 4.2.2
月亮灣城牆遺址

來。古蜀人逐漸過上了定居的生活，開始建造城池。他們充分利用當地優越的地理位置和自然環境，建造了一座以東、西、南三面城牆和北側河流為防禦體系的城池。這座城池由一道外郭城（大城）和若干個內城（小城）組成，城市的內外有祭祀區、居住區、作坊區和墓葬區等功能區。

昔日盛景

昔日的城池已經不在，然而通過殘留的西城牆和月亮灣城牆，我們依稀可見當年古蜀國高度繁榮、佈局嚴整的都城氣象。這是一座具有鮮明地域特色的古城，氣象與二里頭、偃師商城迥然不同。

如今，這裏已經成為三星堆國家考古遺址公園。

圖 4.2.3
三星堆國家考古遺址公園

圖 4.2.4
立人像

古蜀國是一個非常重視祭祀祈神的國家，每到重要的節日，人們都要聚集在一起，舉行祭祀活動。他們祭祀的方式有很多，比如，他們把動物的骨頭拿來燒製，通過氣味傳達給天庭，從而實現人神互通；他們還刻意把玉器、青銅器毀壞，然後埋藏起來，這也是一種祭祀。在三星堆遺址一號祭祀坑中，一次就出土了五百六十七件器物，涉及青銅器、黃金製品、玉器、石器、象牙和海貝等，此外還有十件骨器和三立方米左右的燒骨碎渣。

圖 4.2.5
銅神樹

古蜀國創造出來的青銅文化，足以和同時代的商王國相媲美。它們以人物、禽、獸、蟲、蛇、植物為造型，其中人頭像、人面像和人面具代表祖先和神靈，立人像和跪坐的人像則代表的是祈禱者和主持祭祀的人，青銅獸面具是蜀人崇拜的自然神，銅神樹是蜀人對植物的原始崇拜。對祖先崇拜和對動植物等自然神靈的崇拜，構成了蜀人最主要的精神世界。

在這些人物青銅造像中，有的衣冠楚楚，有的則赤腳或裸露上身，有的跪著，有的被束縛著，有的甚至被砍了。這些銅像反映出當時的社會可能有四個等級：一是以“祖宗神”“蠶叢”等圖騰為代表的偶像，二是能通天達地的上層人物，三是平民，四是用於陪葬或者用於祭祀的人殉。

但正當這個國家向前邁步的時候，它卻神秘地消失在了歷史的長河之中，時間是在商、周易代之際。它究竟是毀滅於商代還是西周，毀滅的原因又是什麼，至今是個未解之謎。有關這個神秘國度的故事，被記憶在了四川省廣漢市的三星堆國家考古遺址公園中。也許有一天，這個謎終會被解開。

文明崛起

很久以前，在中國的東北地區居住著一個古老的民族——濊貊族，扶餘人就是其中的一支。漢武帝時，他們建立了一個國家，名叫扶餘國。沒過多久，一位名叫朱蒙的王子就因為和其他王子不和，於公元前 37 年離家出走，在嫩江和松花江之間落下了腳，並聯合當地的族群，建立了一個名叫高句麗的國家，開始了國家建設和領土擴張的歷程。

經過幾個世紀的發展，高句麗的領土不但擴及中國東北的遼東地區，而且勢力還擴展到了朝鮮半島，與百濟、新羅形成了三個鼎立的政權。唐代初年，唐軍經兩次討伐打敗了高句麗，俘虜了高句麗的末代國王，高句麗王國由此退出了歷史的舞台。亡國後的高句麗人一部分遷入了中國的內地，融合到中國的各民族之中；而另一部分高句麗人定居朝鮮半島，成為後來的朝鮮、韓國人。

這段塵封的民族記憶被留在了中國吉林省集安市和周邊縣市的文物古跡之中，成為世界文化遺產。吉林省的集安市從公元 3 年到 427 年一直就是高句麗的國都。所以，當地政府決定利用

圖 4.2.6

鼎盛時期的高句麗王朝

圖 4.2.7
高句麗遺址公園

集安市內的高句麗文物古跡，建成高句麗遺址公
園，集中展示這個民族的歷史文化。

昔日盛景

　　鮮卑族和朱蒙王子的母國 ── 扶餘國，是
高句麗建國早期的兩大勁敵。為了躲避敵人的鋒
芒，高句麗把都城遷到了現在的集安市一帶。藉
助當地的自然條件，高句麗人開始修築他們的第
二座城池 ── 國內城，發展生產，並逐步積蓄國
力。他們利用城西的通溝河、城南的水溝構築了
護城河，用沙石和黃土夯築城垣，用長方形和正
方形石條堆砌內外城牆，形成了一座堅固的土石
混築的都城。

　　為了拱衛國內城，高句麗人還在都城西北方
向修建了尉那岩城和望台。尉那岩城後稱丸都山

圖 4.2.8
丸都山城部分城牆遺址

圖 4.2.9
望台

城，東漢末年，國內城被公孫氏攻破，高句麗被迫將國都遷至丸都山城。

丸都山城四周懸崖峭壁，易守難攻，然而堅固的城池還是先後有兩次被攻破。244年，曹魏的大將毌丘儉摧毀了丸都山城，迫使當時的高句麗王出逃。342年，重新修築之後的丸都山城又被鮮卑族建立的前燕攻破。

風水輪流轉，東晉末年，高句麗的第十九代君王——廣開土王即位之後，形勢開始有利於高

圖 4.2.10
好太王碑

句麗。廣開土王，又被稱為好太王。在一次與扶餘的戰役中，好太王一鼓作氣，攻克了扶餘國的六十四座城池，一千四百個村莊。好太王不但兼併了北部的扶餘國和靺鞨部落，還在軍事上打敗了百濟、新羅的聯軍，而它們都是當時朝鮮半島上的強國。如今，矗立在高句麗遺址公園內的好太王碑，記錄著這位帝王開疆拓土的赫赫功績。

　　強大之後的高句麗王國，已經不再局限於遼東這一隅之地，而把矛頭指向了朝鮮半島。427年，後繼的高句麗王把國都遷到了平壤，逐鹿朝鮮半島，直到這個國家最後滅亡。

文明崛起

宋元明清時期，在中國邊境地區分佈著大大小小的土司，由中央政府授予他們的首領官職，世襲罔替，使他們世世代代擁有治下的民眾、土地和武裝。湖南的永順土司，就是著名的土司之一。今天湖南省永順縣老司城遺址，就是當年永順土司的統治中心。

宮殿、祖師殿、城池、擺手堂、演兵場、宗祠以及彭氏家族墓地等遺址顯示出的格局，隱約讓人感到這座南方“紫禁城”昔日的氣勢與輝煌，也揭開了古代土家族歷史文化的神秘面紗。

910 年，土家族人彭瑊被任命為溪州刺史，開啟了永順土司的統治時代。939 年，彭瑊的繼任者——彭士愁率領萬余人馬攻打楚國，楚王馬希範派大軍鎮壓，彭軍慘敗，被迫與楚議和結盟，立銅柱於野雞坨。銅柱上鑴刻著溪州之戰的經過和雙方的盟約。盟約正式確認了彭氏家族在溪州的統治，給土家族人民帶來了八百多年的和平。敗軍之將彭士愁在政治、經濟上獲得了極大的權益，而勝利的楚王卻

圖 4.2.11
土司皇城宮殿建築遺存

圖 4.2.12
祖師殿

做出了退讓。這是為什麼？是楚王擁有超凡的包
容心，還是土家族人擁有聰敏過人的智慧？

　　如今，立在永順縣王村鎮花果山上的那座銅
柱，給人們留下了無盡的遐想。

昔日盛景

　　和其他許多民族一樣，土家族對祭祀祖先非
常重視。彭氏宗祠是祭祀歷代土司的地方，位於
司城的中心，土司宮殿群的後面。1591 年，第
二十四代土司彭元錦建造了這座祠堂，裏面供奉
歷代土司的牌位。祠堂還收藏了歷代土司制定的
三綱五常法譜。祠堂的門口有一對石鼓，估計每

圖 4.2.13
溪州銅柱

圖 4.2.14
彭氏宗祠

個至少重二點五噸。民間有這樣的傳說：石鼓是土家族的古代英雄哈力噶巴從離此一百多里的五官坪，一隻手提一個，提到司城來的。一條兩百多米長的官道，貫穿著祠堂大門和正街，四個平台和五段石階梯，顯出土司的威嚴氣派。

在永順的歷代土司中，有一位抗擊外國侵略者的英雄。1555 年，明代官兵在東南沿海抗擊倭寇，屢戰不勝。年僅十九歲的永順土司彭翼南和附近的保靖土司等趕赴江浙。兩次戰鬥就斬殺和俘獲了入侵的倭寇兩千二百餘人，令敵人聞風喪膽，為掃除橫行沿海地區的倭患、保衛祖國的統一和安定立下了顯赫功勳。因此，彭翼南受到了

朝廷嘉獎，被授予昭毅將軍之銜，穿三品官員的
服飾。彭氏墓地出土的《彭翼南墓誌銘》詳細地
記載了這位土家族英雄的事跡。

　　經過了五代、宋、元、明、清等朝代的風雨
洗禮之後，末代土司彭肇槐在 1728 年主動向清廷
獻土，結束了歷時八百一十八年、世襲二十七代
三十五位土司的統治。

有了你們的加入，
我們就更不怕倭寇。

一抔黃土掩風流──西夏博物館

文明崛起

正當宋遼在中國東部地區對峙的時候，在中國的大西北悄然崛起了一支馬背上的民族，他們建立了西夏王朝，並創造出了自己的文字和豐富燦爛的文化，這個民族就是党項族。如今這些歷史記憶被保留在了西夏博物館和西夏王陵中。

1038 年党項族的首領李元昊在今天的銀川正式稱帝建國，到 1227 年西夏被蒙古軍所滅，存國近一百九十年。西夏"三分天下居其一，雄踞西北兩百年"，其疆域"東盡黃河、西界玉門、南接蕭關、北控大漠"，最鼎盛時面積達八十三萬平方千米，包括今天寧夏、甘肅的大部分地區，

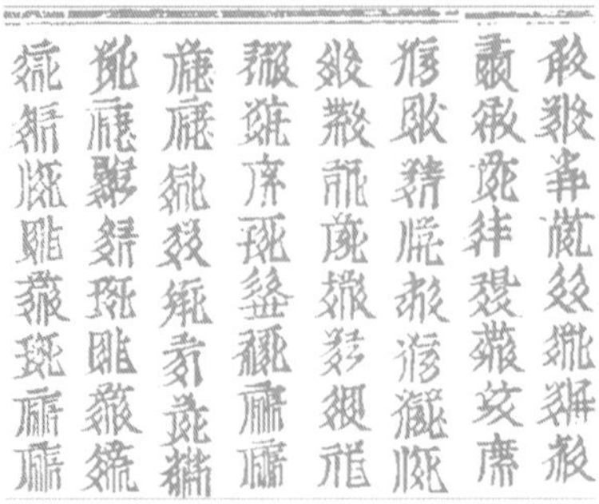

圖 4.2.15

西夏文字

內蒙古西南部、陝西北部、青海東部等。在西夏博物館的疆域廳中，放置著一座疆域沙盤模型，長十米，寬六米，面積六十平方米，再現了昔日西夏王朝的規模。

早在 1036 年西夏未建國時，李元昊就命令大臣野利仁榮以党項語為基礎，仿借漢字的六書（即象形、指事、形聲、會意、轉注、假借）創製了複雜的西夏文字，党項民族由此跨入了先進民族的行列。

出於西夏文、漢文兩種文字並用的需要，西夏編纂了《文海》《音同》等多部辭書和韵書。西夏滅亡之後，西夏文字逐漸失傳，成為無人知曉的死文字。直到十九世紀初，當地重修護國寺感應塔碑時，西夏文字得以重見天日。此後，西夏文物、文獻獲得重大發現，西夏文字的研究進入了新的階段。經過一個多世紀的探索，西夏文的造字規律和部分文字的讀音已基本為研究者掌握。

在宋瓷的影響下，西夏的製瓷業也發展了起來，較大的窯址有寧夏靈武窯、賀蘭山插旗口窯和甘肅武威地區的窯址。西夏的瓷器種類較多，有生活器皿、文房器具、娛樂用品、雕塑藝術品等。色彩以白釉、黑褐居多，剔刻花工藝已經達到很高的水平。

圖 4.2.16
經瓶

圖 4.2.17
扁壺

經瓶是西夏瓷器中的精品，多數為小口、束頸、豐肩，瓶身修長，瓶體開光剔刻花紋，十分精美。而西夏最具民族特色的瓷器當屬扁壺，它有雙耳或四耳，可以穿繩攜帶，適合遊牧民族使用。黑釉粗瓷為民間所用，而發現於西夏王陵的精美白釉瓷則是西夏自行燒製的皇家用瓷。

昔日盛景

西夏王朝共傳了十二代皇帝，除了最後三位皇帝之外，都葬在了銀川市西部三十千米外的王陵中，可惜王陵遭到了毀滅性的破壞。然而，宏偉的規模、嚴謹的佈局以及殘留的陵丘，仍可顯示出西夏王朝特有的時代氣息和風貌。一座座黃色的陵台，高大得像一座座小山丘，在賀蘭山下連綿展開，在陽光照映下，金光燦爛，十分壯觀，"東方的金字塔"由此而得名。陵園的地面建

圖 4.2.18
西夏王陵

築由角樓、門闕、碑亭、外城、內城、獻殿、塔狀陵台等建築單元組成，平面總體佈局呈縱向長方形，按照中國傳統的建築佈局以南北中綫為軸。

穿越時空

　　在遠古時期，祭祀和戰爭是一個國家最重要的兩件大事。現在的人們已經無法知道遠古的人們是怎樣祭祀祖先和神靈了，也許只能通過考古學家研究遺址現場挖掘出來的歷史文物，做一番想像了。

　　今天，在三星堆博物館青銅器館的第三展廳中，復原了一座祭台。在現代科學技術的渲染下，古蜀國的祭祀場景得以重現，高大的祭台、

圖 4.3.1

第三展廳中的祭台（仿製品）

巍峨的神壇、拜祭的人群、天幕的火光，這一切，都是古人希望"天人合一"的表達方式，也就是人類渴望與自然和諧相處的精神追求，揭示了古蜀先民深刻的生命意識和博大的宇宙情懷。

在那個相信萬物有靈的年代，人們渴求豐收，希望神靈能賜福攘災，他們以巫師為中介，把祭品獻給天地和諸神，祈求神靈的保佑。

這座祭台是成都羊子山土台的復原，祭台共有三級。在祭台的四周，分佈著聲勢浩大的拜祭人群，這些人姿態各不相同，是根據三星堆古蜀遺址出土文物中的人物造型仿製而成的。由於他們的社會身份各異，所以他們在祭祀時，扮演的角色也是不同的。

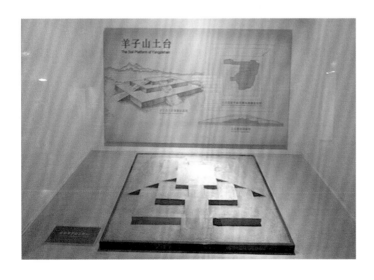

圖 4.3.2
羊子山土台模型

圖 4.3.3
青銅神壇

　　祭台的正中，放置著第三展廳的中心展品——青銅神壇，這件神壇是根據原件放大六倍的仿製品。整座神壇構思奇特、神秘詭異。神壇共分三層，第一層為圓座及兩個怪獸，兩個怪獸一正一反平行立在圓座上，象徵著天地循環；第二層是圓座及四面而向、雙手持杖的立人，四個立人腿部有目紋，衣裙上有旋渦紋，頭冠上有太陽紋，四個人分別代表著東、南、西、北四個方向的巫師；第三層以山形座為底，再上面是方斗形的神殿，神殿頂部的四角飾有立鳥，方斗上額鑄有人首鳥身像，神殿象徵著天帝之所，而這人首鳥身像應該就是天帝了。

　　藉助聲光技術，神壇的上方出現了天幕，祭台的周圍燃起了火光，祭祀場面顯得更加肅穆和讓人敬畏。可以想見，三千多年前的人們在祭祀的時候該是何等的虔誠！

圖 4.3.4
神壇怪獸（仿製品）

圖 4.3.5
聲光下的神壇（仿製品）

國 寶 檔 案

將軍墳

年代：南北朝時期

發掘時間：清代同治年間

發掘地點：吉林省集安市

遺址揭秘：在集安市東北四千米的龍山腳下，有一座陵墓，頗似古埃及的金字塔。它呈方壇階梯式，高約十三米。

墓頂面積一百七十平方米，墓底面積九百九十七平方米，全部用精琢的花崗岩砌成。它的附近還有一座陪葬墳。這座陵墓有七層，第

圖 4.4.1
將軍墳主墳

一層用四層石條鋪砌，其中最大的一塊石條長五點七米，寬一點一二米，厚一點一米，重約三十二噸。其餘六層，每層都是用三層石條砌成。這些巨大的石條，都是從二十二千米以外的採石場運來的。

那麼，這些石條是怎麼運來的呢？工匠們有很多種辦法，一種是滾木法，在巨石下墊上圓木，利用圓木的滾動來運輸。

冬天，可以利用光滑的冰面來運輸石條，大大節省了工匠們的體力。陵墓那麼高，石條又是怎麼壘上去的呢？原來工匠們每築一層，都會先

圖 4.4.2
將軍墳陪葬墳

用黃土堆成斜坡，然後利用斜坡將石條從低的一層運到高的一層，最後再把堆土去除。

墓室不知什麼時候被盜過，考古工作者發現它的時候，隨葬的物品已經蕩然無存，留下來的只是石條疊出的四壁和墓頂上一塊巨大的光禿禿的石板。

這座陵墓又名"將軍墳"，從清末開始，當地老百姓就叫開了，一直流傳至今。它的名字來源於一首別金相的《登將軍墳》："將軍墳墓幾千秋，墳外年年江水流。桂酒椒漿傷往事，荒煙蔓草賦閒遊。三韓霸業今何在，百濟名邦早已休。獨有英雄埋骨處，峨峨高峙龍山頭。"

那麼這座陵墓的主人到底是誰呢？他就是高句麗王朝的第二十代君王——長壽王（413年至491年在位）。正是在他的領導下，高句麗進入了全盛時期。

眾人協力拉巨石。

金杖

年代：商周時期

發掘時間：1986 年 7 月至 9 月

發掘地點：三星堆遺址一號祭祀坑

　　身世揭秘：這件器物名叫金杖，全長一點四二米，直徑二點三厘米，淨重約五百克。出土時，木杖已炭化，僅存金皮，金皮內還殘留有炭化的木渣。

　　在金杖的一端，有長約四十六厘米的一段圖案，共分三組：靠近端頭的一組，合攏看，是兩個前後對稱、頭戴五齒巫冠、耳飾三角形耳墜的人頭像，笑容可掬。另外兩組圖案相同，是兩背相對的鳥與魚，在鳥的頸部和魚的頭部疊壓著一支箭狀物。

圖 4.4.3
金杖

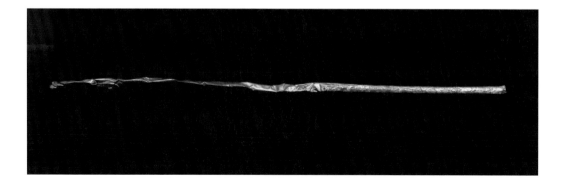

鳥和魚有什麼象徵意義呢？一種說法是，它們可能代表兩個部族，因為遠古時期的人類認為他們是某種動物或某種自然物的後代，所以他們把動物的形象作為圖案，當作自己部族的標誌。分別以魚和鳥作為標誌的兩個部族，聯合在一起便形成了一個名叫魚鳧的王朝。魚和鳥的圖案組合在一起，也就成了王朝的標誌。

　　魚可以在水中自由遊戲，飛鳥可以搏擊長空，把魚鳥組合的圖案刻畫在金杖上，金杖也就成了統治者能夠上天入地的法器。於是，另一種說法也出現了：金杖是“王者之器”，集王權和神權於一體，魚鳧王朝是一個政教合一的國家。

　　考古學家不止一次在古希臘、古埃及和古巴比倫王國的高等級墓葬中發掘過杖形物，並由此判斷把杖作為最高權力的象徵，是許多文明古國普遍的做法。

圖 4.4.4
金杖上的圖案

銅太陽形器

年代：商周時期

發掘時間：1986 年 7 月至 9 月

發掘地點：三星堆遺址二號祭祀坑

身世揭秘：這種像車輪一樣的青銅器，名叫銅太陽形器，距今已有三千多年的歷史了。考古工作者在三星堆二號祭祀坑，一共發掘了六件。展現在我們面前的這件直徑約為八十五厘米。

銅太陽形器恐怕算得上是三星堆遺址中發掘的最具神秘感的器物了，那麼它究竟是幹什麼用的呢？有人認為它是表現太陽崇拜觀念的一種裝飾器物。也有人提出了相反的說法：三星堆文化興盛的時期，是地球氣候的轉變階段，要麼乾旱無雨，要麼洪水成災，所以銅太陽形器並不代表對太陽的崇拜，而應該是恐懼和仇恨。還有的人認為它是一種天文測量儀，因為這件器物呈放射

圖 4.4.5

銅太陽形器

圖 4.4.6
太陽形器狀的油菜花地

狀的五道芒通過幾何運算，恰巧與某些節氣的正午太陽高度角吻合。而有的人則認為它就是一種講究簡潔對稱的盾牌飾物。

銅太陽形器到底是幹什麼用的，目前還是一個謎。倒是當地的老百姓別出心裁，開闢出了太陽形器狀的油菜花地，引得遊客紛紛前往觀賞。

這個寶貝真像方向盤啊。

老司城宮殿遺址

年代：明代

發掘時間：2010 年至 2011 年

發掘地點：老司城遺址

遺址揭秘：老司城宮殿遺址位於老司城遺址的北部，依山而建，形狀略呈橢圓形，東北高、西南低，周長四百三十六米，總面積為一萬四千平方米。宮殿遺址共有四個門，其中大西門為正門。

圖 4.4.7
宮殿城牆遺址

宮殿城牆厚一米左右，多以石塊、大卵石壘砌，用石灰、桐油膠結。西北部城區保持得比較完整，最高處高達六米。大西門的門道有路面，有台階，路面由卵石砌成，台階由紅石條砌成，自下而上曲折相連。

圖 4.4.8
宮殿區排水系統

宮殿區出土了磚、瓦當等建築材料，還出土了大量的青花瓷片。除少量官窯產品之外，大多數是明代景德鎮民窯的產品。官窯產品的題款中，有大量關於永順土司的內容，如"永順司製"等，說明這些瓷器是專門為土司製作的。

宮殿區還有完備的排水設施和取暖設施。主要的排水設施有兩條，這兩條排水溝並沒有鋪設管道，而是利用地勢高低，順著卵石把水排出宮外。而取暖設施則在一處建築遺跡的西側，由火塘、火道和火鋪面三部分組成，四壁和底部用磚砌成之後被密封起來。火塘有兩個，一方一圓，方的是燒柴火的地方，圓的用來存放火種，裏面堆積了大量的炭末。我們可以想像，千年前的一個大雪紛飛的夜晚，土司和他的家人圍坐在火塘邊，正在飲酒作樂，青花瓷器中盛放著美酒美食，日子過得多麼愜意。

西夏泰陵

年代：11 世紀中葉

發掘時間：20 世紀 70 年代

發掘地點：西夏王陵遺址

遺址揭秘：西夏泰陵（三號王陵）坐落在西夏陵區的中心，位置顯赫，是西夏開國皇帝李元昊的陵墓，佔地十五點八萬平方米，是西夏帝王陵墓中規模最大、保存最完整、氣勢最宏偉的一座。

整個陵園坐北朝南，呈現出中軸綫左右對稱的格局。陵園中，最為獨特的地方就是東西對稱的碑亭了，它們的間距是八十米。在唐宋皇帝的陵園中，可從來沒有發現過碑亭。而西夏陵的碑亭位於闕台之後，月城的前面，除了規模宏大和地位突出之外，碑亭最重要的作用就是增加了

圖 4.4.9
西夏泰陵

陵園前半部分的氣勢，使陵園的佈局顯得更加對稱。而且，這樣做也加強了碑亭為帝王歌功頌德的重要作用，突出了它在陵園中的地位。

　　原來，碑亭就是西夏人為祖先樹碑立傳，記載生平事跡，為其歌功頌德的地方。遺憾的是，除了三座石人像之外，碑亭內的碑刻幾乎都被砸得粉碎而無法辨認，只留下了三百六十塊殘碑。依稀可以看到的是，碑銘是用大小兩種字體的西夏文鐫刻的，它們是集書法、雕刻於一身的精美藝術品。透過碑亭，我們可以想見，開國皇帝李元昊是怎樣用他的文韜武略開創了西夏百年基業的。李元昊在意氣風發的時候，可能不知道他所開創的王朝也逃不過從興盛到滅亡的規律，更不知道他的陵寢在百年後會被蒙古鐵騎踐踏。

圖 4.4.10
西夏王陵殘碑（仿製品）

迦陵頻伽

年代：11 世紀中葉

發掘地點：西夏王陵泰陵

遺址揭秘：這件由紅陶製成的建築構件，名叫迦陵頻伽。它高三十九厘米，寬三十二厘米。基座長十五厘米，寬十四厘米。人首鳥身，頭戴五角形的花冠，肩膀前面垂著一種名叫寶繒的裝飾。它的臉是長方形的，細長的眼睛，雙耳下垂，脖子上戴著一隻花項圈，雙手合十放在胸前。它展開雙翅，身後是高翹的長尾，雙腿和爪子跪坐在長方形的基座上。

圖 4.4.11
迦陵頻伽（正面）

圖 4.4.12
迦陵頻伽（側面）

迦陵頻伽是梵語妙音鳥的音譯，是佛教中所講的西方極樂世界裏特有的一種神鳥。佛經記載，這種鳥出自喜馬拉雅雪山，身披七色彩羽，在殼中就能啼鳴，聲音美妙動聽、婉轉如歌，勝於常鳥。它的歌聲能穿越三界，感動萬物。

在西夏王陵所發現的迦陵頻伽，是以建築構件的形式存在的，出土數量很多，可以稱得上是中國考古史上的一次重大發現。

在此之前，迦陵頻伽主要在佛教壁畫和雕塑中出現過，如莫高窟的唐代和宋代壁畫中都有此類圖像。雖然河南省鞏義市的北宋皇陵中發掘過泥塑的迦陵頻伽，但是也只有頭部殘存。直到西夏王陵被挖掘之前，一直沒有實物流傳。

迦陵頻伽的出現，為研究寧夏地區的佛教史提供了有力的實物佐證，也讓我們對這個消逝的文明產生了無盡的遐想。

歌聲能穿越三界，感動萬物。

博物館參觀禮儀 小貼士

　　同學們，你們好，我是博樂樂，別看年紀和你們差不多，我可是個資深的博物館愛好者。博物館真是個神奇的地方，裏面的藏品歷經千百年時光流轉，用斑駁的印記講述過去的故事，多麼不可思議！我想帶領你們走進每一家博物館，去發現藏品中承載的珍貴記憶。

　　走進博物館時，隨身所帶的不僅僅要有發現奇妙的雙眼、感受魅力的內心，更要有一份對歷史、文化、藝術以及對他人的尊重，而這份尊重的體現便是遵守博物館參觀的禮儀。

　　一、進入博物館的展廳前，請先仔細閱讀參觀的規則、標誌和提醒，看看博物館告訴我們要注意什麼。

　　二、看到了心儀的藏品，難免會想要用手中的相機記錄下來，但是要注意將相機的閃光燈調整到關閉狀態，因為閃光燈會給這些珍貴且脆弱的文物帶來一定的損害。

三、遇到沒有玻璃罩子的文物，不要伸手去摸，與文物之間保持一定的距離，反而為我們從另外的角度去欣賞文物打開一扇窗。

四、在展廳裏請不要喝水或吃零食，這樣能體現我們對文物的尊重。

五、參觀博物館要遵守秩序，說話應輕聲細語，不可以追跑嬉鬧。對秩序的遵守不僅是為了保證我們自己參觀的效果，更是對他人的尊重。

六、就算是為了仔細看清藏品，也不要趴在展櫃上，把髒兮兮的小手印留在展櫃玻璃上。

七、博物館中熱情的講解員是陪伴我們參觀的好朋友，在講解員講解的時候盡量不要用你的問題打斷他。若真有疑問，可以在整個導覽結束後，單獨去請教講解員，相信這時得到的答案會更細緻、更準確。

八、如果是跟隨團隊參觀，個子小的同學站在前排，個子高的同學站在後排，這樣參觀的效果會更好。當某一位同學在回答老師或者講解員提問時，其他同學要做到認真傾聽。

記住了這些，
讓我們一起開始
博物館奇妙之旅吧！

博樂樂帶你遊
博物館

我博樂樂來啦！上次帶領大家遊覽了幾個很有特色的博物館，相信大家已經領略到了博物館的神奇！這次，我繼續帶大家尋訪歷史上的輝煌遺跡，它們有的是人類文明的起源，有的曾是一國的繁華都城，也有的埋藏著皇家珍寶。讓我們在奇妙的博物館之旅中，探尋遺址中的精彩世界吧！

小提示

周口店遺址博物館是一座自然科學類古人類遺址博物館，始建於 1953 年，建築面積一千平方米。這座博物館系統地向觀眾展示了大約七十萬年至二十三萬年前的北京人、二十萬年至十萬年前的早期智人以及一點八萬年前的山頂洞人的生活環境和生活狀況。

周口店遺址博物館

地址：北京市房山區周口店龍骨山腳下
　　　（河灘街一號）
開館時間：旺季（5 月 1 日—10 月 31 日）
　　　　　8:30—16:30
　　　　　淡季（11 月 1 日—4 月 30 日）
　　　　　9:00—16:00
門票：全價票三十元，半價票十五元
電話及網址：010-53230037
　　　　　　010-69301090
　　　　　　http://www.zkd.cn

美好的周末又來啦，我在北京房山區的一家
快餐店裏吃完了早餐，現在準備帶著我的幾個好
朋友去參觀周口店遺址博物館，此行的目的就是
去了解遠古人類是怎樣生活的。

首先我帶著朋友們來到了博物館區，在這
裏，我們能看到北京猿人的牙齒。這幾顆牙齒最
早是由瑞典人安特生在中國考古時發現的，當時

小提示

博物館區包含七個展
廳，藏有大量珍貴的文
化遺物、動物化石、石
器，以圖文並茂的展示
形式向觀眾詮釋了周口
店遺址的歷史價值和文
化內涵。

小提示

博物館區設有 3D 放映廳，專門為遊客放映有關周口店遠古人類的科教片。淡季每天播放兩場，旺季每天播放四場，每場時間八分鐘，限四十五人。淡季播放的時間是 9:30 和 14:00；旺季播放的時間是 9:30、10:30、14:00 和 15:00。

這一發現震動了全世界。我們還看到了北京人製造的砍砸器和石錘，還有與北京猿人同時代的動物化石，如劍齒虎、鬣狗的牙齒，大角鹿的鹿角等等。

博物館的第二展廳以復原模型展示了北京猿人居住的洞以及他們的生活場所。我們觀看了八分鐘的 3D 影片，身臨其境地感受了遠古人類的生活。

博物館區只是周口店遺址博物館的一部分，我們還要重點參觀北京猿人棲息的猿人洞、新洞人居住的新洞以及山頂洞人生活過的山頂洞。通過這三處洞穴，我們了解到了北京地區的遠古人類是怎樣進化和發展的。

到了下午，幾乎每個有趣的地方我們都去過了。我和朋友們滿載著收穫的喜悅，離開了周口店遺址博物館。通過一天對周口店遺址博物館的遊覽，我們看到了代表人類發展三個階段的人類化石及其居住地，真是滿足。

小提示

周口店遺址從 1927 年開始挖掘，到目前已經發現遺跡二十七處，現在向公眾開放八處，編號為：一、二、三、四、十二、十三、十五和二十六，它們分別是遠古人類生活、堆放動物骨頭和燃燒植物的地方。

這一站，我們去感受大秦帝國的氣勢吧。

秦始皇帝陵博物院

地址：陝西省西安市臨潼區秦陵鎮

開館時間：3 月 16 日—11 月 15 日

8:30—18:35

11 月 16 日—次年 3 月 15 日

8:30—18:05

門票：旺季（3 月 1 日—11 月底）

一百五十元 / 人次

淡季（12 月 1 日—次年 2 月底）

一百二十元 / 人次

電話及網址：029-81399127

http://www.bmy.com.cn

到西安，不去秦始皇陵走一走，有些愧對西安這座歷史文化名城，所以我的西安之旅首站就選擇了秦始皇帝陵博物院。

在我很小的時候就知道秦始皇陵兵馬俑了，不過這也是我第一次來。

在三個兵馬俑坑中，我見到了幾千件兵馬俑，它們個個身材高大，形態各異，表情逼真。真人大小的車兵、騎兵和步兵俑，排列整齊的馬陣和車陣，還有運籌帷幄的將軍俑，這陣勢讓我立刻聯想到了兩千多年前秦始皇橫掃六國、所向披靡的壯觀場面。

這個兵馬俑跪著都比我高呢！

小提示

在佔地面積近二萬平方米的三個俑坑中，有陶俑和陶馬近八千件。陶俑的形象各不相同，神態生動，是中國古代雕塑藝術史上的一顆明珠，被譽為“世界第八大奇跡”和“二十世紀考古史上的偉大發現之一”。

小提示

截至目前，秦始皇陵周圍已經有一百八十四座陪葬坑被探明，部分已經得到挖掘。根據出土的器物來判斷，它們是秦國各級政府機構、御花園和娛樂場所在地下世界的體現。博物院在其中兩個陪葬坑上分別建成了百戲俑和文吏俑博物館。

　　秦始皇陵的周圍，分佈著大大小小的陪葬坑。在這些陪葬坑中，我不僅看到了千姿百態的百戲俑和文吏俑，還看到了一輛裝飾有華蓋的銅車馬，以及各種飛禽造型的青銅器。

　　高大的封土下面，就是埋藏秦始皇的地宮了，周圍還有依稀可見的殘垣斷壁。千百年來，秦陵地宮流傳著許多神奇的傳說。《三輔故事》記載，楚霸王項羽入關，曾以三十萬人盜掘秦陵。在挖掘過程中，突然一隻金雁從墓中飛出，這隻神奇的飛雁一直朝南飛去。

　　斗轉星移，到了三國時期，有人送了一隻金雁給一位名叫張善的官吏，他立即從金雁上的文字判斷此物出自秦始皇陵……這類神奇的傳說更是給秦始皇陵蒙上了一層神秘的色彩。限於各種條件，地宮還沒有被打開。所以，我們只能根據史書中的記載，對地宮做一番想像了。

大明宮國家遺址公園

地址：陝西省西安市新城區自強東路
　　　五八五號
開館時間：周一至周日 9:30—18:00
門票：六十元
電話及網址：029-88998080
　　　　　　http://www.dmgpark.com

　　大明宮國家遺址公園是中國投入巨資建造的一座遺址公園，無論景色，還是文化價值，都值得好好遊覽一番。我早就想去看一看啦，所以趁著這次西安之行，一定要來這裏看看！

　　我跟著同行的遊客一起，從正門——丹鳳門進入公園。一路上，我們看到了復原之後的宮牆、殘破的宮門遺址，聽導遊阿姨告訴我們，唐長安城是世界上第一個人口超過百萬的大都市，

小提示

八千米長的宮牆、宮門和中軸綫構成了大明宮的遺址格局，含元殿、紫宸殿、含耀門，都是古代東方地標性的建築。遺址格局、建築遺址，以及微縮復原景觀，共同見證了當年大明宮的繁華。

小提示

考古探索中心是一個集觀賞性、趣味性、科普性於一體的綜合性考古體驗展館，由室內展廳、戶外活動區和綜合服務區組成。通過各種考古發掘中的典型物品，如鏡子、貨幣、古代服飾等，遊客可以了解歷史的演變過程。通過遊戲體驗活動，遊客可以增強對中華歷史、考古知識和文明演進的認識。

也是綿延萬里的絲綢之路的起點和當時的國際性大都市。通過大明宮的微縮景觀，我們彷彿回到了繁盛的大唐帝國。

在公園御道廣場的西側，有一座考古探索中心，這裏是專門供遊人互動體驗的場館。我們拿起了工具，製作陶器和拓片，還拼起了以宮廷宴飲為題材的拼圖遊戲。在此過程中，我們得知麟德殿在大明宮太液池西的一座高地上，是皇帝宴請群臣的地方，也是大明宮內一組最偉大的建築。

從考古探索中心出來之後，我們還去了南宮牆根下的中國書法藝術博物館，看到了唐太宗的

書法作品《溫泉銘》，唐玄宗李隆基的隸書，顏真卿、柳公權的楷書，武則天的升仙太子碑，張旭、懷素的草書，一幅幅書法精品，讓喜愛書法的我目不暇接，流連忘返。等我們從大明宮出來的時候，夜幕已經降臨。這時，公園開啟了夜間景觀系統——月光大明宮，把公園照耀得格外璀璨。在大明宮裏遊玩了一整天，我意猶未盡，但天色已晚，只得依依不捨地與它告別，希望以後我能有機會再來。

小提示

中國書法藝術博物館成立於 1989 年 12 月，是中國第一座書法藝術專題博物館，原址在西安城牆南門城樓，後遷至含光門。2010 年 6 月，再次遷移至大明宮南宮牆西南角，是大明宮遺址公園的一個重要景點。博物館共收藏各國書法文物和名家書法作品兩千多件，是傳承和保護人類非物質文化遺產——中國書法和篆刻的重要陣地。

大唐西市博物館

地址：陝西省西安市勞動南路一一八號

開館時間：冬季（11月1日—次年3月31日）

　　　　　9:00—17:00

　　　　　夏季（4月1日—10月31日）

　　　　　9:00—17:30

門票：單票六十元，套票一百二十元

電話及網址：029-84351808

　　　　　http://www.dtxsmuseum.com

小提示

大唐西市博物館是中國首座由民間資本經營的遺址類博物館，也是唯一一座反映盛唐商業文化、絲路文化和西市歷史文化的主題博物館。它分為展覽區和遺址保護區，2010年4月7日正式向公眾開放。

　　唐代的長安城是古代絲綢之路的中心，想要領略大唐商業的繁華盛景，大唐西市博物館是一個很好的去處。我們一行人遊完大明宮國家遺址公園之後，第二天又來到了大唐西市博物館。

這是一座非常現代化的博物館，一樓是遺址展覽區，我透過玻璃看到了“十字街”遺址、石板橋、房子的基址、水溝，以及車子碾壓路面留下的痕跡。據導遊阿姨介紹，西市每天車水馬龍，商旅行人絡繹不絕，交通流量是很大的，漢代的班固形容漢長安城市場的熱鬧情景是“人不得顧，車不得旋”。唐代的西市比漢代市場繁華多了，擁擠程度也可想而知，所以我們看到石板橋的石板之間都有鐵卡固定，非常結實。

　　二樓的展櫃裏，擺滿了各種精美神秘的青銅器，絢麗多彩的陶瓷器，千姿百態的陶俑，璀璨

小提示

一樓的遺址展覽區為遺址保護區，共有兩千五百平方米。博物館按照“原地保護、原樣保存、原物展示”的方針，完整地再現了 2006 年大唐西市遺址的考古發掘成果，從而把歷史文化瑰寶原生態地展現在了世人面前。

二樓是以《絲路起點盛世商魂》為主題的文物展覽區，文物和圖片相結合，展示了歷史上西市的概貌、交易品類、商業文化和繁華盛景。大唐西市博物館館藏文物兩萬餘件，以西市遺址出土文物和博物館創辦人二十年來的精藏文物為主，時代上起商周，下迄明清，跨越三千餘載。

奪目的金銀器，精美絕倫的絲綢，巧奪天工的玉器，還有大量的貨幣、墓誌和建築構件。

離開博物館之前，我在一樓的西南角買了一本名叫《西市寶典》的書，書中詳細介紹了大唐西市的概貌，以及發生在大唐西市裏的故事。我打算回去之後，對這座繁華的集市再深入地了解一下。

最讓我們震撼的，當屬三樓的"百工體驗區"。十家店鋪涵蓋十種行業，包括茶藝坊、樂器鋪、工藝坊、陶器坊、畫坊、卜肆、珠寶店等。店家用展演和銷售相結合的方式，再現了當年大唐西市的繁榮景象。伴著茶的香氣、悠揚的曲聲，我們彷彿又一次回到了大唐王朝。

面對一件件精美的文物，免不了幻想自己穿越到了"大唐盛世"！

西夏王陵

地址：銀川市西夏區賀蘭山東麓

開館時間：周一至周日 8:00—17:00

門票：博物館門票十元，王陵門票六十元

電話及網址：0951-2228884

http://www.nxxwl.com

小提示

西夏王陵又稱西夏帝陵，全國重點文物保護單位和國家重點風景名勝區，2011年"西夏陵國家考古遺址公園"的建設規劃獲得國家文物局批准。目前有西夏博物館、藝術館、西夏碑林和三號陵園四個景點向公眾開放。

　　前不久，我看到了一部老電視劇的資料，劇名叫《賀蘭雪》，知道了中國西北地區曾經存在過一個名叫西夏的國家。我忽然產生了去西夏王陵探秘的想法，去看一看西夏王朝的歷史足跡。打點完行裝，我踏上了西行的列車。

小提示

西夏博物館是目前中國第一座以西夏陵園為背景，比較全面系統反映西夏歷史的專題博物館，1998年9月23日正式落成開館，展館分為上、下兩層。各類展廳九間，基本陳列由西夏歷史、西夏王陵和西夏學術研究成果三部分組成。

在西夏博物館大廳裏，我興致勃勃地觀賞了石雕人像碑座、西夏疆域沙盤模型、西夏人製作的瓷器。通過鐵劍、箭頭、鎧甲片，我聯想到了宋夏兩國軍隊征戰時的激烈場面；從《熾盛光佛圖》上，我看到了西夏人膜拜佛祖時的虔誠。

在藝術館裏，真人一般大小的雕塑、活靈活現的藝術場景，又把我拉回到了西夏人開疆拓土、創造文字和建立國家的歷史情景中，輝煌一時的西夏文明不停在我的腦海中閃現。

來景區之前，我事先做過功課，了解到這裏有一處碑林，裏面有許多漢文、西夏文對照的碑文。於是我打印了一張《西夏文字創製規律》表

小提示

藝術館的全稱是西夏文化藝術博物館，以西夏史實為依據，通過十八組藝術場景和一百六十尊人物塑像，生動、形象地再現了西夏人的開國史。

雖然這種古老的文字現在已不再使用，但是研究西夏文字對西夏歷史研究的意義可非同一般！

小提示

集碑刻、書法藝術和西夏文字為一體的西夏碑林，彙集了西夏王陵出土的殘碑以及仿製的西夏文碑刻。此外，明清和現代文人墨客詠頌西夏歷史的詩賦，也被工匠們用漢文和西夏文鐫刻在了這裏的碑石上。

例，想要在碑林前認出幾個西夏文字來。功夫不負有心人，在碑文前，我研究一會規律表，再與碑文對照一番，還真的認出了幾個西夏文呢！

　　遊覽西夏王陵，宛如進入一座迷宮，西夏在中國歷史上曾經創造過輝煌的業績和燦爛的文化，西夏文化是中華民族文化園地中的一簇奇葩，西夏文字則是這簇奇葩中最為閃亮奪目的明珠，然而這些如今已不復存在，只留下斷壁殘垣帶給人無盡的遐想。

責任編輯　李　斌

封面設計　任媛媛

版式設計　吳冠曼　任媛媛

書　　名	博物館裏的中國 **揭秘消逝的文明**
主　　編	宋新潮　潘守永
編　　著	趙燕姣　陸青松
出　　版	三聯書店（香港）有限公司 香港北角英皇道 499 號北角工業大廈 20 樓 Joint Publishing (H.K.) Co., Ltd. 20/F., North Point Industrial Building, 499 King's Road, North Point, Hong Kong
香港發行	香港聯合書刊物流有限公司 香港新界大埔汀麗路 36 號 3 字樓
印　　刷	中華商務彩色印刷有限公司 香港新界大埔汀麗路 36 號 14 字樓
版　　次	2018 年 6 月香港第一版第一次印刷
規　　格	16 開（170 × 235 mm）176 面
國際書號	ISBN 978-962-04-4263-6